Barbara Bernath-Frei

Duft-Meditation

Barbara Bernath-Frei

Duft-Meditation

Das sinnliche Erlebnis für Körper, Geist und Seele

Mit Aquarellen von Brigitte Smith

Kösel

Druck und Bindung: Kösel, Kempten
Umschlaggestaltung: Fortune, München
Aquarelle im Innenteil und Vignette/Umschlag: Brigitte Smith, München
Umschlagmotiv »Spirale«: Image Bank/Anselm Spring
ISBN 3-466-34434-4

Gedruckt auf umweltfreundlich hergestelltem Werkdruckpapier
(säurefrei und chlorfrei gebleicht)

Für François, Barbara, Krischan und alle,
die ihre Klänge, Visionen, Farben und Träume
mit mir teilen.

Inhalt

Einführung

Willkommen im Land der Düfte und der Träume, liebe Leserin und lieber Leser! Was hat Sie dazu bewogen, einen Blick in dieses Buch zu werfen? Sind Sie ein Schnupper-Mensch? Dann schnuppern Sie ungeniert weiter! Oder haben Sie schon Dutzende von Büchern über Entspannungsmethoden zu Hause herumliegen, schaffen es aber einfach nie, sie auch anzuwenden? Dann könnten Sie jetzt gleich etwas Neues versuchen: Tauchen Sie doch mit allen Sinnen einfach einmal kurz in eine der Meditationen in diesem Buch ein – alles Weitere wird sich dann von ganz allein ergeben.

Vielleicht interessiert Sie aber vor allem, wie Sie sich auf einfache Weise von den Anforderungen des Alltags erholen, Stress abbauen, Ihre Gesundheit, Ihr Wohlbefinden und Ihre Genussfähigkeit unterstützen können? Oder Sie hätten schon lange gern gewusst, ob Duftheilkunde und Meditation seriöse Methoden sind oder ob es sich dabei um Hokuspokus ohne jede wissenschaftliche Grundlage handelt? Dann wird das Folgende Sie interessieren!

Aromatherapie – Düfte als Schlüssel zur Seele

Kein anderer Sinn wirkt derart unmittelbar wie der Geruchssinn. Bevor Sie auch nur realisieren, dass Ihnen überhaupt etwas in die Nase gestiegen ist, reagieren Sie schon: In Bruchteilen von Sekunden empfinden Sie Freude, Zufriedenheit, Entspannung – oder Sie rennen schreiend davon. Das hängt ganz vom entsprechenden Duft ab. Selbst wenn die Reaktion ja nicht gleich so wild ausfallen muss: an den Haaren herbeigezogen ist das Beispiel dennoch nicht. Düfte gelangen, nachdem sie durch die Nase aufgestiegen sind, ins limbische System, und dort befindet sich interessanterweise zugleich die Schaltzentrale für die ursprünglichen emotionalen Instinkte wie Wut, Freude, Sexualität, Harmoniegefühl, Sympathie oder Antipathie, Trauer, Fluchtinstinkt, Glücksgefühl usw.

Das limbische System gehört zu den entwicklungsgeschichtlich ältesten Regionen des Gehirns, das für die lebenserhaltenden vegetativen Funktionen zuständig ist, also für die Atmung, die Herzfunktion, die Fortpflanzung, das Immunsystem, den Blutdruck, den Appetit, die Verdauung und die Ausscheidung. Tiere und die Menschen der Vorzeit waren auf die Nase angewiesen, weil sie durch das Riechen wichtige Informationen erhielten: Über die Nase wurde die Fährte der Beute aufgenommen, ein Wetterwechsel erkannt, ein Brandherd wahrgenommen, und sowohl der Sexualpartner bzw. die Sexualpartnerin als auch der Feind wurden zuverlässig gewittert. Wie würden Insekten jemals ihren Nektar finden, wenn sie nicht vom lockenden Blütenduft angezogen würden? Das Männchen der Bombys-Schmetterlinge beispielsweise erschnuppert mit den Fühlern ein zur Paarung bereites Weibchen über eine Distanz von mehreren Kilometern.

Leider ist uns Menschen ein derart differenziertes Riechvermögen im Laufe der Jahrmillionen abhanden gekommen. Geblieben jedoch ist der Zusammenhang von Geruch, hormoneller Steuerung und emotionalem Verhalten. Stellen Sie sich vor, Sie seien in einem Warenhaus beim Einkaufen und nähmen nun plötzlich Rauchgeruch wahr: Bevor Sie auch nur mit den Fingern schnippen, hat

Ihr Gehirn den Ausstoß des Stresshormons Adrenalin veranlasst und Sie in höchste Alarmbereitschaft versetzt. Diese unwillkürliche Reaktion befähigt Sie, sofort Alarm zu schlagen, einen Ausweg zu suchen oder gegebenenfalls das Feuer zu bekämpfen. Ein erfreulicheres Beispiel sähe so aus: Sie sind auf dem Weg zur Arbeit, und aus der Bäckerei an der Ecke weht Ihnen der Duft frisch gebackener Brötchen entgegen. Voller Genuss blähen Sie die Nüstern und ziehen den herrlichen Geruch ein. Wenn Sie nicht arg aufpassen, liegt Ihre Hand schon auf der Türklinke zur Bäckerei, und erst dann kommt Ihnen vielleicht in den Sinn, dass Sie sich doch vorgenommen haben, mehr Äpfel statt Hörnchen zu essen. Obwohl wir uns dessen selten bewusst sind, funktioniert die archaische Achse Duft – Reaktion immer noch ganz vorzüglich.

Diese Erkenntnis macht sich die Industrie seit langem zunutze, indem sie uns allerorten mit Düften manipuliert. Oft genug merken wir nicht, dass wir nur deshalb so sehr Lust auf ein Bohnengericht haben, weil neben dem Verkaufsständer mit Bohnen unbemerkt ein leiser Geruch von Räucherspeck unsere Nase kitzelt und im Unterbewusstsein die Erinnerung an Mutters Küche wachruft. Nicht umsonst beduften amerikanische und japanische Firmen – mittlerweile ist das auch in Europa üblicher geworden – ihre Angestellten über die Klimaanlage mit Düften. Sie wissen genau, dass beispielsweise der Duft von Zitronenschalen die Konzentrationsfähigkeit steigert und damit die Fehlerquote bis zu 40 Prozent senkt. Wissenschaftliche Untersuchungen haben diese Wirkung belegt. Angestellte, die mehr leisten und weniger Fehler machen, verbessern logischerweise das Betriebsergebnis. So einfach ist das!

Düfte und ihr Einfluss auf das Hormon-, Immun- und Zentralnervensystem

Schon seit Jahrzehnten gibt das EEG (Elektroenzephalogramm) über die Wirkung von Düften auf das Zentralnervensystem und unsere Gehirnströme Auskunft. Konkret verlagern sich beispielsweise durch einen beruhigenden Duft wie denjenigen von Lavendel die Gehirnwellen vom Beta- in Richtung Alphabereich, das heißt, die Frequenz der Hirnwellen verlangsamt sich. Auch während der Nacht beeinflussen Gerüche den Herzschlag und die Gehirnaktivität: Wird einem Schlafenden Pfefferminzduft zugeführt, erhöhen sich Puls und Hirnströme, während sie beim Einatmen von Lavendel sinken. Mit den heutigen bildgebenden Diagnoseverfahren wie zum Beispiel Xe-PET (Xenon-Positronen-Emissions-Tomographie) lässt sich nachweisen, wie und wo Düfte wirken, indem die Hirnaktivitäten regelrecht angeschaut werden können. Dank diesem Verfahren ist auch ersichtlich, dass bestimmte Düfte hauptsächlich die linke, andere wiederum die rechte Hirnhälfte stimulieren. Gewisse Düfte sorgen auch für einen Ausgleich in der Aktivität der Hirnhemisphären, wie er sonst lediglich durch einen Zustand totaler Entspannung erreicht werden kann.

Die Duftwahrnehmung, ob bewusst oder unbewusst, bewirkt die Ausschüttung von Hormonen und Neurotransmittern wie beispielsweise der schmerzlindernden Endorphine, des konzentrationsfördernden Noradrenalins oder des beruhigenden und euphorisierenden Serotonins. So weist Professor Gerhard Buchbauer von der Universität Wien nach, dass das ätherische Öl von Lavendel und Zitronenmelisse die Motilität von Mäusen um 40 bis 78 Prozent senkt, während sie unter dem Dufteinfluss von Rosmarin und Wacholder stark ansteigt. Wie stark Düfte überdies ins Hormonsystem eingreifen, wird unter anderem dadurch ersichtlich, dass sich der Menstruationszyklus von Frauen, die während längerer Zeit zusammenwohnen, angleicht. Ihre Körperausdünstung gibt Auskunft darüber, in welcher Phase des Zyklus eine Frau sich befindet.

Zusammengefasst wird deutlich, dass schon allein das Einatmen von Düften unter anderem Folgendes bewirken kann: den Blutdruck sowie die Pulsfrequenz senken oder erhöhen; ein Glücksgefühl auslösen; Stress reduzieren; die Konzentration fördern; das Immunsystem stärken; das Gemüt beruhigen und harmonisieren; die Willenskraft anregen; die Gehirnhemisphären einzeln aktivieren oder ausgleichen; die Stimmung erhellen; sexuelle Regungen verstärken; für die Spiritualität öffnen usw. Die Aufzählung ließe sich beliebig verlängern. Im zweiten Teil des Buches, bei den praktischen Anwendungen ab Seite 23, finden Sie weitere Eigenschaften.

Die ätherischen Öle

Ätherische Öle sind flüchtige, duftende Substanzen, die in der Pflanze für die sekundären Stoffwechselvorgänge zuständig sind. Der Duft einer Blüte lockt die Insekten zur Befruchtung an, wohingegen der Duft von Blättern, Wurzeln und Samen im Allgemeinen dem Eigenschutz der Pflanze, der Abwehr von Schädlingen sowie der Kommunikation mit anderen Lebewesen dient. Durch den Vorgang der Wasserdampfdestillation, der Kaltpressung (bei Zitrusfrüchten) oder des Auszugs werden die ätherischen Öle aus der Pflanze gewonnen und der Verwendung zugänglich gemacht. In einem einzigen Tropfen ätherischen Rosenöls steckt die Duftkraft von dreißig Rosenblüten, und um einen einzigen Liter ätherisches Melissenöl zu gewinnen, müssen sieben Tonnen Blätter der Zitronenmelisse destilliert werden! Ätherische Öle sind also natürliche und sehr kostbare Produkte, die sorgfältig verwendet werden sollten.

Die Qualität ätherischer Öle

Durch den Boom der Düfte und Essenzen werden heutzutage alle möglichen und unmöglichen Qualitäten ätherischer Öle angeboten, und für den Laien ist es recht schwierig zu erkennen, ob er es mit einem ätherischen Öl guter Qualität zu tun hat oder nicht. Einige Kriterien helfen, dies zu beurteilen: Kosten sämtliche angebotenen Fläschchen gleich viel, so ist Vorsicht geboten. Da die Herstellung von ätherischem Orangenöl beispielsweise viel kostengünstiger ist als diejenige von Jasminöl, sollten deutliche Preisunterschiede vorhanden sein. Außerdem vermerken seriöse Anbieter auf ihren Produkten folgende Angaben:

1. Es handelt sich um 100 Prozent *reines, natürliches ätherisches Öl*. Sollte diese Angabe fehlen, müssen Sie damit rechnen, dass Sie entweder ein künstliches Produkt aus dem Labor in den Händen halten oder ein Duftöl, das aus 99 Prozent Mandelöl und 1 Prozent ätherischem Öl besteht. Letzteres ist ebenfalls natürlich, aber selbstverständlich viel weniger kostbar als das Konzentrat.

2. Außer dem deutschen Namen der Pflanze sollte auch die *botanische Bezeichnung* angegeben sein. Vom Lavendel beispielsweise gibt es an die zwanzig verschiedene Sorten, die unterschiedlich wirken. Die botanische Bezeichnung ermöglicht die genaue Unterscheidung.
3. Herkunftsland des ätherischen Öls.
4. Gewinnungsart (z.B. Wasserdampfdestillation, Kaltpressung oder Extraktion bzw. Absolue).
5. Verwendeter Pflanzenteil (Blüte, Blätter, Wurzel, Rinde, Samen, Schale; Harz).
6. Verfallsdatum.

Sind diese Daten vermerkt, weist das auf einen seriösen Anbieter hin. Sehr vorteilhaft ist auch, wenn die verwendeten Pflanzen aus biologischem Anbau stammen. Sie wollen ja schließlich weder Pestizide noch Dünger einatmen.

Die synthetischen Duftstoffe im Vergleich zu den ätherischen Ölen

Die Frage stellt sich, ob künstliche Duftstoffe auch Reaktionen auslösen. Die Antwort ist kurz und klar: ja! Auch durch ein herkömmliches, synthetisches Parfum können Sie sich beschwingt fühlen. Einmal abgesehen davon, dass das Allergiepotential der synthetischen Düfte erst nach und nach erkannt wird und beträchtlich sein kann, eignen sich diese jedoch nicht für den therapeutischen Gebrauch. Ätherische Öle sind lebendige Substanzen, die uns unter anderem die Information der Pflanze vermitteln. Die ätherischen Öle sind in der Natur unter dem Einfluss von Sonne, Wasser, Erde und Luft zustande gekommen; sie haben das Wachstum der Pflanze miterlebt und mitbestimmt.
Synthetische Düfte hingegen sind tote Substanzen, die in einem chemischen Labor gemixt wurden und keinen Bezug zum Lebendigen haben. Entsprechend haben sie uns keine lebensbegünstigende Information zu vermitteln. Im ätherischen Öl der Rose wurden bis heute über 300 einzelne biochemische Bestand-

teile identifiziert, doch das sind noch lange nicht alle. Jede dieser Substanzen hat ganz bestimmte Eigenschaften und Aufgaben zu erfüllen. Mit lediglich zwei chemischen Substanzen – Geraniol und Citronellol – lässt sich bereits ein Gemisch herstellen, das verblüffend nach Rose riecht. Sein innerer Wert ist allerdings gleich Null.

Die Toxizität ätherischer Öle

Was aus der Natur stammt, braucht nicht zwangsläufig harmlos zu sein. Werden ätherische Öle in zu hoher Dosierung oder sonstwie unsachgemäß verwendet, wirken sie unter Umständen schädlich. Beispielsweise können sie die Haut reizen wie Thymian- oder Zimtöl oder sie lichtdurchlässig machen und für bleibende braune Flecken sorgen, wie es bei Bergamotte- oder Angelikaöl der Fall ist. Grundsätzlich sollten ätherische Öle nicht eingenommen werden. Bei Kindern, schwangeren Frauen, Asthmatikern und Epileptikern ist im Umgang mit ätherischen Ölen besondere Vorsicht geboten! Wenn Sie sich an die in diesem Buch angegebenen Verwendungsarten und Dosierungen halten, gehen Sie jedoch kein Risiko ein. Sind besondere Vorsichtsmaßnahmen zu beachten, wurden diese vermerkt. Rosmarin beispielsweise ist in der angegebenen Verwendungsform für Gesunde absolut unbedenklich; Schwangere und Epileptiker sollten ihn aufgrund seines Keton-Gehaltes jedoch meiden. Für Kinder bis zu 10 Jahren wird die halbe Dosierung angewendet; und Kleinkinder dürfen nur in seltenen Fällen und auf Empfehlung einer Fachperson mit ätherischen Ölen in Kontakt kommen.

Entspannung – Die Basis von Gesundheit und Wohlbefinden

So – nun entspannen Sie sich doch mal! Wie? Sie finden das schwierig? Da haben Sie allerdings Recht, denn so einfach ist es manchmal nicht. Wenn Sie den ganzen Tag lang hektisch versucht haben, Ihren Aufgabenberg zu bewältigen, alle Termine einzuhalten, ans Geschenk fürs Patenkind zu denken, den Ferienkatalog zu bestellen, den Installateur fürs tropfende WC zu kontaktieren, die Unterlagen für die nächste Sitzung bereitzustellen, das Abendessen einzukaufen – dann können Sie kaum einfach nach Hause kommen und von einer Sekunde auf die andere abschalten, die Füße hochlagern und das Leben genießen.

Noch sausen Adrenalin und Noradrenalin durchs Blutsystem, das Gehirn wellt in schneller Beta-Frequenz und die Muskulatur ist noch immer angespannt. Stress heißt dieser Zustand. An und für sich ist er nicht unbedingt schädlich, sondern einfach Teil des Lebens. Gefährlich wird's immer dann, wenn dieser Zustand nicht mehr mit jenem der Entspannung abwechselt. Dann fühlen wir uns zunehmend überfordert, die Muskeln bleiben angespannt und neigen zur Verkrampfung, die Gefäße sind eng und der Blutdruck steigt an, der Kopf kommt nicht mehr zur Ruhe. Unterlagen, Schlüssel und Brille werden verlegt, das tropfende WC rauscht mittlerweile ununterbrochen, weil wir vergessen haben, den Monteur anzurufen, und der Geburtstag des Patenkindes war gestern, wie wir mit Schrecken feststellen.

So weit soll und darf es nicht kommen! Je höher die Spirale von Stress und Überforderung sich dreht desto schwieriger wird es, auszusteigen. Es lohnt sich tausendfach, rechtzeitig Grenzen zu ziehen und sich Zeit für Entspannung zu nehmen. Es ist übrigens keine zusätzliche Zeit, sondern jene, die Sie einsparen, indem Sie nicht mehr nach der Brille, dem Schlüssel und den Unterlagen suchen oder das enttäuschte Patenkind besänftigen müssen. So läppisch es klingt: Bereits fünf Minuten Entspannung pro Tag bewirken eine Verbesserung ihres nervlichen, seelischen und körperlichen Zustandes!

Das Potential regelmäßiger Entspannung

Möchten Sie sich gesund fühlen, Freude am Leben haben, den Beruf motiviert ausüben, erfolgreich sein, den Blutdruck senken, Schicksalsschläge schneller überwinden, gut aussehen, Zufriedenheit ausstrahlen? Dann lesen Sie bitte weiter! Sie können sich eine Menge Kosmetikartikel, Medikamente und Therapien aller Art sparen, wenn Sie sich täglich etwas Zeit für sich selbst nehmen: 5 Minuten ist das Minimum, 20 Minuten sind ideal. 20 Minuten, die Sie ganz für sich haben, kein Telefon abnehmen und keine Fragen beantworten: Ist das nicht einfach luxuriös?
Und es lässt sich einrichten, das kann ich Ihnen versichern. Wenn Mütter mit drei kleinen Kindern, Direktoren von international tätigen Konzernen und viel beschäftigte Politikerinnen es schaffen, dann wird es ja wohl auch für Sie möglich sein, nicht wahr? Weshalb wohl bieten die Automobilwerke Daimler-Chrysler in Stuttgart ihren Angestellten kostenlose oder äußerst günstige Entspannungskurse an? Oder warum hat die Swisscom-Telefongesellschaft Ruheräume für die in der Auskunftsabteilung Arbeitenden eingerichtet? Aus Menschenliebe? Vielleicht; ganz sicher aber auch deshalb, weil entspannte Mitarbeiter weniger häufig krank sind, motivierter arbeiten und bessere Leistungen erbringen. Und was den Großfirmen recht ist, kann uns billig sein, oder etwa nicht?

Die Forschungsresultate der Psychoneuroimmunologie

Erstens ist die Psychoneuroimmunologie ein Zungenbrecher und zweitens ein hochinteressanter Wissenschaftszweig. Ziel der Forschung ist es, die Zusammenhänge zwischen der seelischen bzw. nervlichen Verfassung und dem menschlichen Immunsystem genauer zu durchleuchten. Und siehe da, sie bestätigt auf wissenschaftliche Weise, was wir aus Erfahrung schon lange wissen: Fröhliche und entspannte Menschen sind weniger krankheitsanfällig als traurige und angespannte.

Längst ist bekannt, dass sozusagen alle körperlichen Erkrankungen auch eine mehr oder weniger große psychische Komponente haben, die den Krankheitsverlauf bzw. den Heilungserfolg markant beeinflusst. So lässt sich heute nachweisen, dass eine frohe Stimmung, regelmäßige Entspannung, Lachen, Musik und Tanz den Körper veranlassen, Endorphine auszuschütten. Diese opiatähnlichen, körpereigenen Substanzen lösen euphorische Gefühle aus, lindern Schmerzen, befähigen die T-Lymphozyten, sich zu vermehren und stärken dadurch effektiv das Immunsystem. Nicht umsonst sind mittlerweile Lachkliniken gegründet worden oder es kommt der Clown ins Kinderkrankenhaus: Wer fröhlich ist, wird schneller gesund bzw. gar nicht erst krank. Und was ist nun die Schaltstelle zwischen Psyche und Körper? Richtig: das limbische System. Und siehe da, das kommt uns bekannt vor ... denn das ist doch genau der Ort, in dem Düfte, Emotionen und die Steuerzentrale fürs Überleben beheimatet sind. So ein Zufall!

Visualisation – Die Wirkung der Vorstellungskraft

Es kommt noch besser: Was wir uns ausdenken oder vorstellen, beeinflusst unsere seelischen, geistigen und körperlichen Funktionen! Probieren Sie's gleich einmal aus: Stellen Sie sich vor, Sie liegen gemütlich unter einem Baum am Fluss, der Sommertag ist warm und riecht gut, das Wasser plätschert still vor sich hin, einige Insekten summen über Ihnen im Baum ... Sobald Sie sich eine Szene vorstellen, die Sie genießen, entspannen Sie sich automatisch. Nicht nur fühlen Sie sich entspannt – auch die Muskeln entspannen sich, die großen und sogar die kleinen Gefäße dehnen sich aus, Puls und (zu hoher) Blutdruck sinken, die Steuerzentrale schüttet zufrieden machende Neurotransmitter und Hormone aus – kurz: Das Wohlgefühl breitet sich in Ihrem ganzen Organismus aus.

Der Phantasie sind keine Grenzen gesetzt!

Nun kommt es ganz darauf an, welches Ziel Sie zurzeit verfolgen. Vielleicht möchten Sie ganz einfach Wohlgefühl erleben und zufrieden sein; das ist wunderbar. Vielleicht merken Sie aber auch, dass es Ihnen an Durchsetzungskraft fehlt und Sie deshalb nicht erreichen, was Sie wollen. Nun, dann stellen Sie sich in Ihrer Phantasie vor, wie Sie sich erfolgreich durchsetzen und erreichen, was Sie angestrebt haben. Die biochemischen Prozesse laufen jetzt so ab, als sei es tatsächlich geschehen. Und in jeder Zelle Ihres Körpers verankert sich dadurch die Erfahrung, dass Sie fähig sind, sich durchzusetzen und für sich selbst einzustehen.

Auf dieser Erfahrungsbasis wird es Ihnen sehr viel leichter fallen, die Vorstellung in die Tat umzusetzen und das Qualifikationsgespräch selbstsicher zu führen, alleine in den Urlaub zu fahren, sich einen Bart wachsen zu lassen, obwohl Ihre Kinder dies das Letzte finden, oder nicht mehr der Mutter zuliebe dreimal im Jahr die Vorhänge zu waschen.

Durch das Visualisieren, also die bildliche Vorstellung, können Sie Entspannung finden und die Aktivität der Gehirnhemisphären harmonisieren; Grenzen setzen; das Immunsystem stärken; aktiv und gezielt Krankheiten bekämpfen; seelische Verletzungen kurieren; Selbstsicherheit gewinnen; Trauer verarbeiten; Ihre innere Kraftquelle spüren; Vertrauen gewinnen; gesteckte Ziele erreichen usw. So ganz nebenbei reduzieren Sie dabei Ihre Stressanfälligkeit und erhöhen die Belastbarkeit; es wird merklich mehr brauchen, um Sie aus dem Gleichgewicht zu bringen. Mit der Zeit stehen Sie mit beiden Füßen fest auf dem Boden, kommunizieren frei, herzlich und selbstbewusst, fühlen sich verbunden mit allen und allem. Und das alles durch 10 bis 20 Minuten Entspannung pro Tag. Kostenlos.

Lebensfreude und Vitalität durch die Kombination von Duft und Meditation

Wie wir festgestellt haben, spielt das limbische System sowohl bei der Verarbeitung von Dufteindrücken als auch bei der Umsetzung seelischer Bilder in körperliche Reaktionen eine zentrale Rolle. Was liegt also näher, als die Entspannung bzw. Visualisation mit dem Dufterlebnis zu kombinieren, dadurch die Wirkung merklich zu steigern und somit müheloser ans Ziel zu gelangen?

Im nun folgenden praktischen Teil finden Sie *25 verschiedene Pflanzen, Düfte und kurze Meditationen.* Jede Einzelne davon verfolgt einen bestimmten Zweck. Sie selbst bestimmen, ob Sie Klarheit gewinnen, Mut erhalten oder den Schlaf herbeiführen wollen. Wählen Sie sich den für Ihren Zweck passenden Vorschlag anhand des Indexes am Schluss dieses Buches aus und befolgen Sie die Anweisungen. Selbstverständlich sind die Visualisationen und meditativen Entspannungen auch wirksam, wenn Sie sie ohne Duft ausüben. Der Duft unterstützt die Wirkung jedoch stark, indem er das Unbewusste von einer anderen Seite her anspricht und der Vorstellung dadurch mehr Gewicht verleiht. Anders herum können Sie auch das ätherische Öl anwenden, ohne die Meditation zu machen. Der Duft allein zeigt nachweislich eine Wirkung. Auch hier gilt jedoch, dass beides zusammen den nachhaltigsten Erfolg bringt.
Falls Sie sich einen Vorschlag ausgesucht haben, der zu Ihrer momentanen Situation passt, dessen zugehöriger Duft Sie jedoch abstößt, sollten Sie den Duft weglassen. Es kommt nichts Gutes dabei heraus, wenn Sie sich gegen einen Duft wehren, der Ihnen nicht bekommt. Sollten Sie bereits eine Auswahl von Düften zu Hause haben, gehen Sie vielleicht aber auch einfach der Nase nach, indem Sie sich zuerst den Duft suchen, der Ihnen gefällt, und dann die entsprechende Meditation machen. Sie liegen nie falsch, wenn Sie Ihre Intuition entscheiden lassen: Der Duft, der Sie erfreut, tut Ihrer Seele gut! (Über die Verwendung der Düfte finden Sie nützliche Angaben im Anhang auf Seite 125 ff. und 131 ff.)

Schalten Sie dann das Telefon aus, suchen Sie sich einen ruhigen Ort, an dem Sie sich wohl fühlen, und bitten Sie gegebenenfalls die Familienmitglieder, Sie nicht zu stören. Lesen Sie in Ruhe die Meditation durch, verwenden Sie den entsprechenden Duft und legen Sie dann das Buch beiseite. Es ist überhaupt nicht schlimm, wenn Sie sich nicht Wort für Wort an die Vorgabe halten; wichtig ist vor allem, dass die Vorstellung Ihnen hilft, die richtige Atmosphäre zu schaffen. Wenn Ihnen andere Bilder in den Sinn kommen, lassen Sie diese ruhig zu; solange Sie sich wohl fühlen, ist alles okay.

Stellen Sie nun den Küchenwecker auf 20 Minuten ein, machen Sie es sich bequem – und los geht's! Ach ja, noch etwas: Sollten Ihnen während der Entspannung immer wieder andere Gedanken durch den Kopf gehen, nehmen Sie's gelassen hin und kehren Sie einfach wieder zu Ihrem Atem und zu Ihrer Vorstellung zurück. Alle Anfänger (und auch Profis) kennen diese Ablenkungsmanöver aus der eigenen Seele bestens. Mit der Zeit steigert sich Ihre Konzentrations- und damit auch Ihre Entspannungsfähigkeit.

Am besten fangen Sie einfach mal an, dann werden Sie Ihre Erfahrungen selber machen. Viel Spaß!

Düfte von A-Z
Praktische Anleitungen

Basilikum, der Muntermacher • **Benzoe,** der Einhüllende
Geranie, die Geduldige • **Grapefruit**, die Optimistische
Iris, die Schöpferische • **Jasmin**, der Verführerische
Kamille, die Heilende • **Lavendel**, der Klärende
Mimose, die Frühlingshafte • **Myrrhe**, die Öffnende
Myrte, die Reine • **Narde**, die Verbindende
Palmarosa, die Gelassene • **Petitgrain**, der Tatkräftige
Rose, die Liebende • **Rosmarin**, der Kämpfer
Sandelholz, das Spirituelle • **Thymian**, der Mutige
Vanille, die Kuschelige • **Vetiver**, das Entspannende
Ylang-Ylang, das Exotische • **Zeder**, die Zentrierende
Zimt, der Stärkende • **Zirbelkiefer**, die Unerschütterliche
Zitrone, die Konzentrationsfördernde

Basilikum,
der Muntermacher

Ich fühle mich entspannt,
gut gelaunt und vital.

Basilikum • Ocimum basilicum

Bekannt ist der Basilikum bei uns vor allem als Küchenkraut, das dem Pesto seine Würze und dem Tomatensalat sowohl optisch als auch kulinarisch einen besonderen Reiz verleiht. In der fernöstlichen Medizin, vor allem im Ayurveda, hat der asiatische Basilikum (Ocimum sanctum) seinen festen Platz bei der Behandlung von Grippe und Erkrankungen der Atemwege sowie als Gegengift bei Schlangenbissen. Allerdings unterscheidet sich die biochemische Zusammensetzung des asiatischen Basilikum von unserem südeuropäischen bzw. nordafrikanischen, der milder, aber dennoch sehr aromatisch ist und einen leicht scharfen Unterton hat. Basilikum gilt als eines der nervenstärkendsten Kräuter überhaupt.
Vorsicht: Basilikum sollte von schwangeren Frauen gemieden werden!

Eigenschaften

Entspannt und stärkt die Nerven, weckt Lebensfreude bei Niedergeschlagenheit, Migräne, Schlaflosigkeit und Erschöpfung.

Anwendung

Geben Sie zwei bis drei Tropfen des ätherischen Öls in die Duftlampe. Unterwegs können Sie sich einen Tropfen aufs Taschentuch geben und daran riechen. Verwenden Sie Basilikum als frisches Küchengewürz so oft wie möglich!

Meditation

Setzen Sie sich in einem Sessel bequem hin, lockern Sie den Gürtel und gegebenenfalls den Kragen; Sie sollten sich durch nichts eingeengt fühlen. Verweilen Sie mit Ihrer Aufmerksamkeit bei Ihrem Atem und spüren Sie, wie die Luft regelmäßig in Sie hinein- und aus Ihnen hinausfließt – ohne Ihr aktives Zutun. Lassen Sie Ihrem Atem seinen eigenen Rhythmus und genießen Sie es, dass das Atmen von selbst geschieht. Wenn die Zeit dafür reif ist, wird sich Ihr Atem immer mehr ausdehnen und tief in Sie hineinsinken, so dass Sie sich immer mehr entspannen können. Nehmen Sie den frischen, grünen, krautigen

Duft des Basilikum wahr und versetzen Sie sich in Gedanken nach Griechenland, wo Sie soeben durch ein kleines Dorf gestreift sind und den Geruch nach Holzfeuer, Ziegen, Meer und Kräutern eingeatmet haben.
Nun sitzen Sie am Hafen in einer kleinen Taverne und sehen den Fischern beim Flicken der Netze zu. Die Sonne scheint heiß vom tiefblauen Himmel, und Sie sind froh um die verschlungenen Reben der Pergola, die Ihnen Schatten bieten und den Wind dennoch durchlassen. Sie haben Urlaub und Zeit, so viel Sie wollen. Am Tisch nebenan sitzen einige Männer aus dem Dorf – einen Ouzo vor sich – und unterhalten sich über das Leben auf der Insel. Aus einem nicht mehr ganz neuen Lautsprecher dringen Bouzouki-Klänge, die sich den weißen Hauswänden und den leuchtenden Bougainvilleen entlang in den Äther verströmen. Ihr hellblau gestrichener, mit Stroh bespannter Stuhl wackelt ein bisschen, trägt Sie aber zuverlässig und vertieft noch das Gefühl des herrlichen Nichtstuns, dem Sie sich soeben aus tiefstem Herzen hingeben. Eine dünne Katze streicht um Ihre Beine, bettelt um den Rest der Fischgräten auf Ihrem Teller und miaut ein bisschen vorwurfsvoll. Das kümmert die wettergegerbten Gesichter der Männer wenig; die einen diskutieren lauthals, die anderen dösen ein wenig vor sich hin.
Auch Sie lassen Ihren Blick aus halb geschlossenen Augen gemächlich über das stille Blau des Meeres wandern, das sich in diesiger Unendlichkeit am Horizont verliert. Die Stimmen um Sie herum werden leiser, und schließlich hören Sie sie gar nicht mehr, sondern genießen die kleine Siesta, die Ihnen zusteht. Verweilen Sie in dieser Ruhe, solange Sie mögen, bevor Sie, mit frisch gestärkten Kräften, die Augen aufschlagen und sich Ihren Aufgaben zuwenden.

Sollten Sie zwischendurch einen kurzen Energieschub benötigen, können Sie einen einzigen Tropfen ätherisches Basilikumöl in die linke Handfläche geben und mit den Fingern der rechten Hand sorgfältig im Uhrzeigersinn verteilen. In der Mitte der Handfläche befindet sich die Reflexzone fürs Sonnengeflecht, das durch die feine Massage stimuliert wird. Atmen Sie danach den Duft während einer Minute mit geschlossenen Augen tief ein. Auf diese Weise werden Sie in kurzer Zeit gestärkt!

Benzoe,

der Einhüllende

Ich fühle mich geschützt und geborgen.

Benzoe (Siam) • Styrax tonkinensis

Benzoe ist das Harz des Styraxbaumes, der in verschiedenen Ländern Südostasiens wächst. Wie alle Harze hat Benzoe schützende, einhüllende und (wund-)heilende Eigenschaften. Der Baum sendet sein Harz an jene Stelle, an der er verletzt worden ist, um die Wunde zu heilen. Das Harz hat also die Aufgabe, den Baum vor Infektionen durch Pilze, Bakterien oder Viren zu schützen, die Wunde zu heilen und das Zellwachstum anzuregen. Diese Information ist an seinem Duft gut erkenntlich; Benzoe riecht weich, süß, balsamisch, ein wenig wie Schokolade oder Vanille. Das Resinoid wird durch Alkoholextraktion aus dem Harz gewonnen und stammt aus Thailand (Siam), Laos, Vietnam und anderen Ländern Südostasiens.

Eigenschaften

Benzoe wirkt beschützend, wärmend, beruhigend, besänftigend, herzstärkend, angstlösend und schlaffördernd, ohne müde zu machen.

Anwendung

Lösen Sie einen Tropfen Benzoe in einem Esslöffel kalt gepresstem Trägeröl (siehe Anhang, Seite 125) und reiben Sie sich damit Brust, Bauch und gegebenenfalls das Gesicht ein. Halten Sie dann die Hände vor Ihr Gesicht und atmen Sie den balsamischen Duft während einiger Atemzüge tief ein. Für die Duftlampe eignet sich Benzoe nicht, da es schwer ist und sinkt.

Meditation

Legen Sie sich flach auf den Boden oder kuscheln Sie sich bequem ins Sofa oder in den Lehnstuhl. Vielleicht wollen Sie sich selbst umarmen, um das Gefühl von Schutz und Geborgenheit zu verstärken. Sorgen Sie dafür, dass Ihre Atmung dennoch frei fließen kann und Sie durch nichts eingeengt sind.
Lenken Sie Ihre Aufmerksamkeit auf Ihren Atem und spüren Sie, wie zuverlässig er Sie mit frischer Luft versorgt und Ihr Inneres mit dem Äußeren verbindet. Geben Sie sich Raum, lassen Sie zu, dass Ihr Atem den Brust-, Bauch- und

Beckenraum füllt, doch forcieren Sie die Atmung nicht. Wenn Sie gewahr werden, dass Sie sich dem Atem noch nicht ganz öffnen können, nehmen Sie dies zur Kenntnis und atmen Sie ruhig weiter. Ihr Körper und Ihre Seele werden sich öffnen, wenn sie es für richtig halten.
Stellen Sie sich nun vor, wie sich rund um Ihren Körper eine Art goldenes Gewebe bildet, das ganz leicht und durchlässig ist und Sie dennoch vor äußeren Einflüssen zu schützen vermag. Es lässt nur noch jene Impulse bis in Ihre Seele dringen, die Sie gerne aufnehmen wollen; die anderen bleiben draußen. Wie ein lockeres Seidengewand umhüllt es Ihren Körper und sorgt dafür, dass Sie es warm haben und sich gut aufgehoben fühlen. Vielleicht nimmt das Gewebe eine andere Farbe an – lassen Sie das zu. Ihr Inneres weiß, von welcher Farbe Ihnen derzeit Heilung zukommt. Wenn Sie äußerlich oder seelisch verletzt worden sind, lassen Sie dieser Wunde Heilung und Licht zufließen, bis sich die Stelle in Ihrem Körper und/oder in Ihrer Seele wieder weich und gut anfühlt. Vielleicht möchten Sie sich vorstellen, dass Ihr Schutzengel, Ihre innere weise Frau oder ein anderes Kraft spendendes Symbol hinter Ihnen steht und Sie beschützt. Alle Vorstellungen, die ein weiches Gefühl in Ihnen erzeugen und Ihre Angst lösen, sind hilfreich.
Denken Sie sich bei jedem Ausatmen die Worte: *Ich bin geborgen*.

Diese Visualisation löst Ihre Ängste und festigt Ihr Vertrauen, dass in dieser Welt schützende Kräfte existieren, die Ihr Bestes wollen. Ideal ist, wenn Sie diese Entspannung vor dem Einschlafen machen und dann gleich in den Schlaf hinübergleiten können.

Geranie,
die Geduldige

Harmonie und Freundlichkeit
umgeben mich.

Geranie • Pelargonium graveolens

Das Storchenschnabelgewächs wird aufgrund seines Gehalts an pflanzlichen Östrogenen seit Alters her dem weiblichen Geschlecht zugeordnet und zur Regulation von Empfängnis, Menstruation und Klimakteriumsbeschwerden verwendet. Duftgeranien sind seit einigen Jahren auch bei uns erhältlich und erfreuen die Nase mit ihrem – je nach Sorte – zitronenfrischen, blumig-rosigen oder apfelähnlichen Geruch. In der Wirkung sind sich die verschiedenen Duftgeraniumstypen ähnlich, auch wenn ihre Duftnoten unterschiedlich sind. Das ätherische Öl von Geranium, das heute vorwiegend aus Russland, China, Ägypten und La Réunion stammt, ist ausgesprochen hautfreundlich und wird deshalb mit gutem Erfolg für die Behandlung bestimmter Hautleiden eingesetzt.

Eigenschaften

Stimmt harmonisch, geduldig und besänftigt nervöse Spannungen; fördert die Kommunikationsbereitschaft.

Anwendung

Geranium eignet sich verdünnt als Massageöl, in der Duftlampe oder als Badezusatz (in Salz oder Rahm gelöst). Erst durch die Wärme entfaltet es seinen weiblichen, weichen Duft, der an denjenigen der Rose erinnert.

Meditation

Nachdem Sie sich für eine Anwendungsform entschieden haben, legen Sie sich auf eine bequeme Unterlage und sorgen dafür, dass Sie es schön warm haben. Atmen Sie als Erstes alle verbrauchte Luft aus und warten Sie den Impuls Ihrer Lungen ab, sich mit neuer, frisch duftender Luft zu füllen. Spüren Sie, wie herrlich es ist, das Alte loszuwerden und dem Neuen Platz zu machen. Durch die Regelmäßigkeit Ihres Atems wird Ihr Herzschlag ruhiger, die Muskulatur lockert sich und die Blutgefäße werden weit und durchlässig. Entspannung macht sich breit, die Ihren Leib, Ihre Seele und Ihren Geist erfassen.

In Gedanken sehen Sie sich nun in einer sanft hügeligen, grünen Landschaft einen schmalen Weg entlanggehen, neben dem sich ein Wiesenbächlein windet. Weidenbäume wachsen entlang des Wassers und recken ihre Triebe in die Höhe. Es ist später Nachmittag im August; die Kornfelder sind reif und gelb und warten darauf, geschnitten zu werden. Roter Klatschmohn und blaue Kornblumen setzen farbige Tupfer in den Acker, und in den Wiesen blühen Margeriten und Salbei. Die Sonne schickt ihre Strahlen zwischen den Wolken hindurch, weiter vorn weiden Schafe. Es ist still; nur das Plätschern des Bächleins und einige Vogelstimmen sind zu hören. Schmetterlinge auf der Suche nach Nektar entzücken mit ihren prächtigen Kleidern, und wenn der Wind über das Kornfeld streift, wogen die ockernen Wellen wie Samt durch die Welt. Landluft umgibt Sie und erfüllt Sie mit Glück und Dankbarkeit, lässt ein längst vergessenes Lied aus ihrer Kehle steigen. Da und dort pflücken Sie eine Blume, einen reifen Kornhalm, ein schönes Gras, bis nach und nach ein Wiesenblumenstrauß entsteht. Roter Klee und gelber Hahnenfuß umschmeicheln Leimkraut und Salbei; von einem wilden Rosenstrauch brechen Sie ein Zweiglein ab und fügen es dem Strauß bei. Sie begegnen dem Bauern auf seiner Fahrt zur Sammelstelle.
Behutsam färbt die Dämmerung die Wiesen dunkler, und die Amseln singen mit ihrer melodiösen Stimme ihr Abendlied. Vor den rot gefärbten Abendwolken ziehen die letzten Schwalben ihre Runde. Sie umfassen mit dankbarem Blick die ländliche Idylle, genießen das geheimnisvolle Zwielicht und das Raunen der Natur. Weit entfernt beginnt eine Glocke den Abend einzuläuten. Inzwischen sind Sie bei Ihrem Haus angekommen, in dessen Fenstern warmes Licht scheint und Sie willkommen heißt. Sie freuen sich, daheim und geborgen zu sein.

Allzu oft vermissen wir die Idylle in unserem Alltag, der oft weit entfernt davon ist, uns Ruhe und Geborgenheit zu vermitteln. In der Visualisation – und manchmal im Urlaub – holen wir uns zurück, was unsere Seele für ihre Gesundheit so nötig braucht. Vielleicht wissen Sie noch aus Ihrer Kindheit, wie beruhigend es ist, auf dem Rücken im Gras zu liegen und in die Wolken zu gucken. Geben Sie sich dieser Erinnerung hin, denn sie stillt unsere Sehnsucht nach Einfachheit und Zugehörigkeit.

Grapefruit,
die Optimistische

Die Welt ist voller Sonnenschein!

Grapefruit • Citrus paradisi

Sie sieht aus wie eine kleine Sonne: die Grapefruit. Ursprünglich in Asien beheimatet, wird die Grapefruit heute vor allem in Israel, Nord- und Südamerika angebaut. Wie alle Zitrusfrüchte birgt die Grapefruit einen großen Vorrat an Lichtenergie und ist ein richtiger Sonnenspeicher. Das ätherische Öl wird aus der Schale gewonnen und riecht erfrischend, heiter und vergnügt. Der Duft erinnert an den Süden, an sonnige, heiße Tage voller Lebensfreude und Lachen sowie an die Leichtigkeit des Seins. Wie es ihr Name sagt, vermittelt sie paradiesische Energien.

Eigenschaften

Euphorisierend und erfrischend, die Kreativität anregend. Bei Niedergeschlagenheit, depressiver Verstimmung und nervöser Erschöpfung vermittelt Grapefruit Freude und Gelassenheit.

Anwendung

Geben Sie fünf Tropfen ätherisches Grapefruitöl ins Wasser der Duftlampe. Wenn Sie einen Tropfen Rosenöl dazugeben, erhält der frische Duft eine zusätzliche weiche Note, und die aufhellende Wirkung verstärkt sich. Das ätherische Öl der Grapefruit-Schale eignet sich aber auch hervorragend als Massageöl (12 Tropfen Grapefruit-Öl auf 50 ml Sonnenblumenöl).

Meditation

Setzen oder legen Sie sich bequem hin, so dass Sie Arme und Beine ausbreiten und sich richtig gut entspannen können. Hören Sie Ihrem Atem zu, der ruhig und regelmäßig Ihre Lungen füllt und leert.

Stellen Sie sich einen weiten, weißen Strand am Meer vor. Sie spazieren morgens den Strand entlang, bücken sich hin und wieder, um eine besonders schöne Muschelschale aufzuheben und von allen Seiten zu betrachten. Die Luft ist erfüllt vom salzigen Geruch des Meeres, vom Duft der Bäume und Pflanzen, vom angeschwemmten Tang und vom Geschrei der Meeresvögel. Wellen rollen an den

Strand, und wo ein Stein liegt, bildet sich frische, weiße Gischt, deren feine Tröpfchen sich in der Luft verteilen und im Sonnenlicht glitzern. Sie fühlen sich voller Kraft, Lebenslust und Tatendrang, laufen ins Wasser und schwimmen mit schnellen, kräftigen Zügen ins offene Meer hinaus, tauchen unter, schöpfen frische Luft und schwimmen wieder zurück. Ihre Haut ist kühl und nass, doch die Luft ist schon recht warm. Sie finden einen sonnengewärmten Stein, auf dem Sie sich bequem hinlegen und entspannen können. Ihr Atem beruhigt sich langsam, Bauch und Brust heben sich weniger schnell, und Sie fühlen sich herrlich erfrischt.

Stellen Sie sich nun vor, wie jeder einzelne Sonnenstrahl Ihr Sonnengeflecht* streichelt und die kleine Sonne, die Sie dort in sich tragen, zum Leben erweckt. Nun stehen die große Sonne am Himmel und die kleine Sonne in Ihrem Körper in einem regen Austausch über die hin- und herwandernden Strahlen. Sie fühlen eine zufriedene Heiterkeit in sich aufsteigen, die Sie von Kopf bis Fuß sowie in die Finger- und Zehenspitzen erfüllt. Jeder Sonnenstrahl, der Ihren Bauch streichelt, singt: *Die Welt ist voller Sonnenschein, komm mit und genieß das Leben!* Mit jedem Atemzug nehmen Sie diese frohe Botschaft in sich auf und lassen sie durch den ganzen Körper wandern, bis das hinterste Eckchen von Licht durchflutet ist. Bevor Sie in den Alltag zurückkehren, legen Sie beide Hände über Ihr Sonnengeflecht, spüren den Austausch zwischen Bauch und Händen und versprechen sich selbst, dass Sie heute ganz besonders liebevoll Sorge zu sich tragen werden.

*Das Sonnengeflecht oder der Solarplexus liegt ungefähr eine Handbreit oberhalb des Nabels. An dieser empfindlichen Stelle befinden sich besonders viele Nerven und »Antennen« oder Sensoren, die sehr empfänglich für emotionale und energetische Schwingen sind. Mit der Zeit können Sie sich angewöhnen, das Sonnengeflecht bewusst zu öffnen, wenn Sie etwas Erfreuliches in sich aufnehmen wollen, und es ebenso bewusst mental zu schützen, wenn Sie Negatives nicht annehmen wollen. Oft schützt man diese empfindliche Stelle unwillkürlich, indem man die Arme verschränkt und so eine Art Barriere bildet.

Iris,

die Schöpferische

Bunt leuchten die Flügel
meiner Kreativität.

Iris • Iris germanica var. florentina

Bekannt ist die Iris bei uns vor allem als getrocknete Veilchenwurz, die zahnenden Babys zum Kauen gegeben oder als Duftspender zwischen die Wäsche gelegt wird. Der Wurzelstock der Iris muss mindestens drei Jahre in dunklen Kellern gelagert werden (früher vor allem in Florenz), damit sich der feine, pudrige und an Veilchen erinnernde Duft entwickeln kann. Das aus den geriebenen Wurzeln durch Destillation gewonnene ätherische Öl ist eines der teuersten überhaupt, da seine Herstellung so aufwändig, der Ertrag aber sehr gering ist. Oft wird deshalb auch mit Zedernholzöl gestrecktes Irisöl verkauft, das natürlich nicht mehr gleich kostbar ist. Für den Hausgebrauch eignet sich am besten das in Trägeröl gelöste Irisöl (siehe Anhang Seite 125), das von einigen Herstellern zu einem angemessenen Preis angeboten wird und das sich für die Anwendung auf der Haut eignet. Das ätherische Öl aus der Iriswurzel stammt vorwiegend aus Frankreich und Marokko.

Eigenschaften

Harmonisierend, inspirierend und beschützend. Löcher in der Aura können durch den Duft der Iriswurzel geschlossen werden.

Anwendung

Verteilen Sie das Körperöl über den ganzen Körper, oder geben Sie einige Tropfen des verdünnten Öls in die Hand, betupfen Sie damit das »dritte Auge« (Stelle zwischen den Augenbrauen) und atmen Sie den Duft aus Ihren Händen tief ein. Für die Duftlampe eignet sich das kostengünstigere Iris-Zedernöl.

Meditation

Setzen oder legen Sie sich bequem hin und legen Sie die Hände auf Ihren Bauch, damit Sie die Atembewegung spüren können. Lassen Sie Ihren Atem nun mit geschlossenen Augen aus sich herausfließen, bis die Lungen ganz leer sind. Genießen Sie das Gefühl der Leere in dieser kurzen Atempause und erleben Sie danach bewusst das Einströmen der frischen, sauberen Luft.

Lassen Sie sich vom zarten Veilchenduft auf eine Frühlingswiese entführen, auf der Sie inmitten bunter Blumen liegen, den zarten Windhauch über sich spüren, den Vogelstimmen lauschen und Ihre Gedanken in Urlaub schicken. Es reicht, dass Sie hier liegen und atmen; Sie dürfen einfach sein. Über Ihnen wölbt sich weit der blaue Himmel, an dem hin und wieder kleine Wölkchen ziehen, und Sie spüren den Atem der Ewigkeit. Mit jedem Ausatmen bildet sich eine kleine, farbige Wolke, die sich über Ihren Körper legt und ihn mit einer durchscheinenden, feinen Hülle umgibt. Sehen Sie zu, welche Farben aus Ihrer Nase strömen und sich um Sie legen, um Sie auf sanfte Weise zu schützen. Diese Farben können Ihnen eine ganze Menge über Ihren momentanen Zustand erzählen, und Sie dürfen sich darauf verlassen, dass Ihr Inneres weiß, welche Farbe Ihnen jetzt besonders gut tut.
Stellen Sie sich nun vor, dass sich aus den zarten Farben rund um Ihren Körper ein Regenbogen erhebt, der sich dem Himmelsgewölbe nach über den ganzen Erdball erstreckt. Sie können diesen Regenbogen wie ein Geleise benutzen: Lassen Sie sich von ihm tragen, so weit und wohin Sie wollen. Wo immer Sie auf Ihrem Regenbogen hinkommen, wird die Erde unter Ihnen in zartes Licht getaucht, so dass die Lebewesen dort unten auch teilhaben an Ihrer glücklichen Unbeschwertheit. Genießen Sie es, auf weichen Schienen durch den Raum zu gleiten, die Welt von oben zu sehen und sich so unendlich leicht zu fühlen! Lassen Sie sich schließlich zu Ihrem Ausgangspunkt auf der Wiese zurückgleiten, bis Sie sich auf der duftenden Blumenwiese wieder finden. Öffnen Sie die Augen im Bewusstsein, dass Ihr ganzes Wesen von einer feinen, unsichtbaren Aura umgeben ist, die Sie schützt und aus der Sie Ihre Inspirationen schöpfen.

Diese Visualisation aktiviert Ihre kreative Seite und verleiht Ihnen zugleich einen feinstofflichen Schutz. Wenn Ihnen kein Irisöl zur Verfügung steht, können Sie diese Meditation auch mit dem feinen Duft der Rose oder der Mimose begleiten. Die Visualisation kann auch dahingehend ausgeweitet werden, dass Sie sich vorstellen, dem Erdball und all seinen Lebewesen mit den bunten Farben Heilung zu bringen und Verbundenheit zwischen allem Lebendigen zu schaffen.

Jasmin,
der Verführerische

Ich locke dich in meine Süße.

Jasmin • Jasminum officinale var. grandiflorum

Wer einmal den betörenden Duft des Jasmin in sich aufgesogen hat, der sich nachts und gegen den frühen Morgen besonders intensiv verströmt, wird die sinnliche Süße dieses Augenblicks wohl nie mehr vergessen. Jasmin ist sowohl im Mittelmeerraum als auch in Asien heimisch; im Fernen Osten ist die *Varietät Jasminum officinale sambac* häufiger anzutreffen. Die immergrüne Kletterpflanze wird bis zu 10 m hoch und rankt sich gerne an Hausmauern empor. Die unscheinbaren weißen, sternförmigen Blüten duften unvergleichlich süß und verführerisch. Der Duft von Jasmin wird allgemein als äußerst weiblich empfunden und in seinen Stammländern sowohl bei Störungen im sexuellen Bereich als auch während der Geburt verwendet. Jasmin-Essenz ist sehr kostbar und teuer.
Vorsicht: Nicht während der Schwangerschaft anwenden!

Eigenschaften

Jasmin wirkt beruhigend bei nervöser Erschöpfung, stimmt optimistisch und ist ein starkes Aphrodisiakum.

Anwendung

Mischen Sie 50 ml Jojobaöl mit 6 Tropfen Jasmin und lassen Sie die Mischung eine Woche lang stehen, damit sich die Öle gut miteinander verbinden können. Streicheln Sie sich das Massageöl dann liebevoll auf Bauch und Brust ein; Sie können das Öl auch sehr gut für die Partnermassage verwenden. Auch für die Duftlampe geeignet.

Meditation

Richten Sie sich in Ihrem Sessel oder auf einer Liege mit viel Liebe ein: eine Kerze, leise, entspannende Musik, vielleicht ein besonders feiner Stoff als Unterlage. Massieren Sie sich das Jasminöl nun mit gleichmäßigen, zuwendenden Kreisen auf Bauch, Brust, vielleicht auch Füßen und Händen ein. Halten Sie die Hände dann vors Gesicht, und atmen Sie den sinnlichen Duft tief ein. In Gedanken machen Sie nun eine Reise in den Orient und sehen sich selbst, wie Sie als Prinzessin aus Tausendundeiner Nacht durch Ihren nächtlichen Lustgarten

wandeln. Die Nacht ist mild, die Sterne blinken vom Himmel, die Pflanzen in Ihrem Garten verströmen die köstlichsten Düfte, und Sie sind sich Ihrer Weiblichkeit von tief innen her bewusst. Sie sind eine schöne, begehrenswerte, lebendige und geheimnisvolle Frau, die sich intuitiv als Teil der Natur versteht.
Beginnen Sie nun zu tanzen, spüren Sie den Boden unter den Füßen, die Brise, die Sie durch Ihre leichte Kleidung hindurch streichelt, die duftende Wärme der orientalischen Sommernacht. Tanzen Sie mit geschlossenen Augen den Tanz der Weiblichkeit, der tief in Ihnen schlummert und nur darauf wartet, geweckt zu werden und sich in seiner ganzen Pracht zu entfalten. Jeder Schritt, jede Drehung drückt ein Prinzip Ihres Frauseins aus; Sie erfahren die Verbindung zur Erde, zum Himmel und zu Ihrer Körpermitte. Dort spüren Sie die Wärme Ihrer Sexualität, den Sitz des Verlangens und der Befriedigung. Unten in Ihrem Becken wohnt Ihre weibliche Kraft, aus der Sie schöpfen können und die Sie erstarken lässt. Tanzen Sie den Tanz der Kraft, der Verführung, der Einheit, des Glücks und der Dankbarkeit; fühlen Sie sich aufgehoben im Gedanken an alle anderen Frauen dieser Welt, die wie Sie das Geheimnis kennen, eine Frau zu sein. Wenn Sie ermüden, lassen Sie sich auf den mit dunkelroter Seide bespannten Diwan nieder und entspannen Sie sich. Bleiben Sie in diesem wohltuenden Zustand, solange Sie sich darin gut aufgehoben fühlen.
Bevor Sie in Ihren Alltag zurückkehren, nehmen Sie nochmals bewusst Kontakt zu Ihrem weiblichen Körper und Ihren Sexualorganen auf und schöpfen Sie Kraft aus dem Bewusstsein, einen Teil der archetypischen weiblichen Stärke in Ihrem Becken zu hüten.

Sinnliche Lust wird im Westen allzu oft als etwas betrachtet, was sich ausschließlich zwischen Frau und Mann oder zwischen Homophilen abspielt. Zweifellos ist geteilte Sexualität eine wunderschöne Erfahrung, doch ist es bei weitem nicht die einzige, die Freude bereiten kann. Wem es gelingt, die eigene Sexualität auch unabhängig von einem Partner zu genießen und das Bewusstsein der eigenen Weiblichkeit zu leben und zu stärken, wird sich damit eine Quelle der Lust und der Kraft eröffnen, auf die jederzeit zurückgegriffen werden kann.

Kamille,
die Heilende

Alle meine Verletzungen
dürfen heilen.

(Römische) Kamille • Anthemis nobilis oder Chamamaelum nobile

Die bescheidene, aber fröhlich in Gelb und Weiß leuchtende Blume hat seit alters her einen festen Platz in der Kräuterheilkunde. Ihr frischer, fruchtiger und dennoch balsamischer Krautduft lässt die vielfältige Wirkungsweise der Kamille erahnen, die schon so manche körperliche oder seelische Wunde sanft wieder geschlossen hat. Während die deutsche oder blaue Kamille (Matricaria recutita) vor allem für die körperliche Anwendung ideal ist, wirkt die römische Kamille besonders gut im psychischen Bereich. *Vorsicht: Nicht während einer homöopathischen Behandlung anwenden!*

Eigenschaften

Kamille wirkt dank ihres hohen Ester-Gehalts beruhigend aufs Nervensystem, baut nervöse Spannungen ab und vermag seelische Verletzungen zu heilen; sie besitzt einen ausgesprochen sonnigen Charakter.

Anwendung

Geben Sie zwei Tropfen ätherisches Kamillenöl auf einen Esslöffel Sonnenblumenöl und massieren Sie damit sanft Bauch und Sonnengeflecht ein (es befindet sich eine Handbreit über dem Nabel). Sie können das ätherische Kamillenöl aber auch in der Duftlampe verdunsten lassen und gegebenenfalls mit dem der Rose mischen.

Meditation

Setzen oder legen Sie sich in einem gut gelüfteten Raum bequem hin. Wenn Sie mögen, legen Sie Ihre Hände auf Ihr Sonnengeflecht und spüren, wie sich Ihr Oberbauch beim Einatmen wölbt und beim Ausatmen in sich zusammensinkt. Verweilen Sie mit Ihrer Aufmerksamkeit einige Minuten bei Ihrem Atem, ohne ihn zu verändern. Lassen Sie ihn in seinem eigenen Rhythmus fließen und öffnen Sie sich für die Dankbarkeit, dass er Sie mit frischer Luft versorgt und Sie nährt. Nach einigen Atemzügen werden Sie spüren, dass der Raum in Ihrem Innern größer wird und Ihr Atem tiefer in Ihr Becken sinkt.

In Gedanken begeben Sie sich nun in einen sonnigen Garten, der gegen die offenen Felder ringsum mit einem kleinen Mäuerchen geschützt ist. Es ist ein wilder, schöner Garten, in dem Blumen und Kräuter nebeneinander wachsen, ein Baum Schatten spendet und kleine Eidechsen durch die Mauerritzen huschen und sich mit schnell pulsierendem Bäuchlein genussvoll in die Sonne legen. In einem Teil des Gartens breitet sich ein ganzer Teppich aus Kamille aus. Die kleinen Blumen mit ihrem gelben Herzen und dem weißen Blütenkranz winken Sie zu sich heran und bieten Ihnen einen wunderschönen Platz in ihrer Mitte an.
Legen Sie sich mitten in die vielen Blüten und atmen Sie den frischen, lieblichen Duft ein, den die Blumen für Sie verströmen. Die Luft ist warm und zärtlich, und Sie können sich ganz der heilenden Kraft dieses Gartens und der Kamillenblumen überlassen. Mit jedem Einatmen fließt der feine Duft vollständig durch Sie hindurch. Überall, wo eine Verletzung noch nicht verheilt ist – sei sie in Ihrem Körper oder in der Seele –, kommt die kleine Duftwolke vorbei und streichelt die Wunde liebevoll, bis sie sich schließt. Auch alte Narben werden berührt, öffnen sich vielleicht noch einmal kurz, bis sie sich dann still und endgültig schließen. Lassen Sie die heilende Duftwolke so lange durch Ihren Leib spazieren, bis Sie das Gefühl haben, weniger verletzlich und »heiler« zu sein.
Bedanken Sie sich bei der Duftwolke und den vielen kleinen Kamillengesichtern für ihre heilende Liebe, und genießen Sie nochmals die Sonnenwärme, bevor Ihre Gedanken zurückkommen in den Raum, in dem Sie sich bequem eingerichtet haben. Wenn Sie Lust haben auf einen Tee aus offenen Kamillenblüten, bereiten Sie sich diesen zu und genießen Sie ihn in Erinnerung daran, dass die vielen Blumen alle Ihr Bestes wollen.

Die Forschung zeigt, dass durch entsprechende Visualisationen nicht nur seelische, sondern auch körperliche Verletzungen sehr viel schneller und besser heilen können. Die Vorstellungskraft setzt chemische Substanzen und Botenstoffe in Ihrem Organismus frei, die einen heilenden Einfluss auf Krankheiten haben. Dieser Vorgang wird durch den Duft der Kamille nachhaltig unterstützt. Die Kamillen-Meditation kann und soll häufig durchgeführt werden, insbesondere wenn es darum geht, alte Verletzungen zu heilen.

Lavendel,
der Klärende

In meinem Innern herrscht Ordnung.

Echter Lavendel • Lavandula angustifolia (vera/officinalis)

Lavendel wächst vor allem im Mittelmeerraum, wo er im Frühsommer ganze Landstriche mit seinen lila Feldern bemalt. Je höher sein Anbaugebiet, desto feiner seine Qualität: Der wilde Berglavendel, der auf über 1000 m über Meer gedeiht, besitzt die ausgleichendsten und harmonisierendsten Eigenschaften und ist teurer als der herkömmliche. Achten Sie darauf, dass Sie ätherisches Öl vom echten Lavendel kaufen und nicht solches von Speiklavendel oder Lavandin, das zwar günstiger ist, aber ganz andere Eigenschaften besitzt. Unsere Großmütter haben Lavendelsäcklein zwischen die Wäsche gelegt, damit sie erstens fein dufte und zweitens nicht von Motten angefressen werde. Lavendel ist eine der vielseitigsten und hilfreichsten Pflanzen in der Aromatherapie. Sein Name leitet sich ab von »lavare«, dem lateinischen bzw. italienischen Ausdruck für »waschen«. Seinem Geruch haftet denn auch etwas »Sauberes« an.

Eigenschaften

Lavendel wirkt stimmungserhellend und antidepressiv, harmonisierend, ausgleichend und nervenstärkend. Insbesondere auf den Geist hat er einen ordnenden und klärenden Einfluss.

Anwendung

Mischen Sie in einen Esslöffel Mandelöl und zwei Tropfen ätherisches Öl vom echten Lavendel. Massieren Sie mit dieser Mischung Stirn, Hände und Brust ein. Wenn die Zeit dafür fehlt, verreiben Sie einen einzigen Tropfen ätherisches Lavendelöl (unverdünnt) sorgfältig in Ihrer linken Hand und atmen den Duft mit geschlossenen Augen tief ein. Lavendel eignet sich auch für die Duftlampe.

Meditation

In Gedanken wandern Sie am Morgen eines Frühsommertages über grüne Hügel, auf denen einzelne Baumgruppen in den Himmel ragen und in deren Wiesen die vielfältigsten Blumen wachsen. Neben Anhäufungen kleiner Steine wachsen immer wieder auch Lavendelpflanzen, die ihre lila Rispen der Sonne zuwenden.

Die Luft ist mild und riecht nach frischer Brise und Blütendüften; Insekten schwärmen aus und Sie hören die Vögel zwitschern. Sie bewegen sich leicht und mühelos, haben Lust, in diesen prächtigen Tag hineinzuwandern und eins mit der Natur zu sein. Sie folgen einem kleinen Bächlein, bis Sie zu seiner Quelle kommen: Aus einer Öffnung sprudelt frisches und klares Wasser in eine Mulde, die so groß ist, dass Sie bequem darin baden können.
Legen Sie Ihre Kleider ab und steigen Sie ins Wasser, das eine angenehme Temperatur hat. Lassen Sie sich nun vom Wasser tragen, spüren Sie die wärmende Sonne auf der Haut, erleben Sie die unendliche blaue Weite des Himmels über sich und hören Sie dem Summen der Insekten zu. Sie brauchen gar nichts zu tun: nur daliegen, sich vom Wasser tragen und von den Sonnenstrahlen wärmen lassen. Sie atmen den frischen Duft der Natur, während das klare Wasser allen Ballast, alle schweren Gedanken, alle Schatten und alle ungelösten Fragen wegspült. Wie von selbst verwandelt sich das Chaos in Ihrem Innern in eine übersichtliche Ordnung, in der alles seinen festen Platz hat und dennoch in Bewegung bleibt.
Genießen Sie die Leichtigkeit dieses Sommertages in der Quelle, solange Sie Lust dazu haben. Wenn Sie sich erfrischt und gereinigt fühlen, steigen Sie aus dem Wasser, lassen Ihren Körper von der Sonne und vom Wind trocknen und ziehen sich dann die frisch gewaschenen und sauber duftenden Kleider an, die für Sie im Gras bereitliegen. Gehen Sie den Weg zurück, den Sie gekommen sind, bis Ihnen die Gegend vertraut vorkommt.
Bewegen Sie dann Hände und Füße, bevor Sie die Augen aufschlagen und in Ihrem Tagwerk fortfahren.

Die beschriebene Vorstellung sowie der Duft von Lavendel klären Ihre Gedanken und stärken Sie, so dass Sie sich ausgeruht und gekräftigt Ihren Beschäftigungen zuwenden können. Diese Visualisation eignet sich aber auch, wenn Sie danach schlafen möchten. In diesem Falle können Sie auf dem visualisierten Wasser liegen bleiben.
Wenn Sie genügend Zeit haben, sich ein Bad zuzubereiten, ist das natürlich wunderbar: 10 Tropfen Lavendel in ½ dl Rahm verrühren, ins Wasser geben.

Mimose,
die Frühlingshafte

Ich fühle mich freudig beschwingt.

Mimose • Acacia decurrens dealbata

Ursprünglich in Australien zu Hause, hat sich der Mimosenbaum über Afrika bis nach Südeuropa ausgebreitet. Seine kleinen, gelben Pompon-Blüten duften unvergleichlich blumig, süß und zärtlich und sind bei uns erste Vorboten des Frühlings. Das sehr klebrige, dickflüssige Absolue wird durch Extraktion aus den Blüten gewonnen und im Verkauf meistens in Alkohol verdünnt angeboten, damit es überhaupt verwendet werden kann. In der Umgangssprache meinen wir mit »mimosenhaft« eine sehr empfindsame Seele, die schnell verletzt ist und sich dann zurückzieht, so wie die Blätter der Mimose sich einrollen, sobald man sie berührt. Der Duft der Blüten stärkt die Seele und vermittelt glückliche Geborgenheit.

Eigenschaften

Mimose vermittelt ein Gefühl frühlingshafter Zärtlichkeit und Freude. Bei nervösen Spannungen, Überempfindlichkeit, Einsamkeit, Stress und Angst wirkt sie beruhigend, stabilisierend, tröstend und stimmungserhellend.

Anwendung

Das etwas klebrige Absolue der Mimose entfaltet seinen Duft erst ganz, wenn es leicht erwärmt wird. Da es sehr dickflüssig ist, eignet es sich weniger für die Duftlampe, wohl aber als in Mandelöl gelöstes Massageöl. Geben Sie auf 50 ml Trägeröl (siehe Anhang Seite 125) lediglich fünf Tropfen des sehr intensiv duftenden Mimosenöls und massieren Sie es leicht am Körper, an Armen und Händen ein.

Meditation

Sorgen Sie dafür, dass nichts Ihren Körper einengt und Sie sich ganz frei fühlen. Kuscheln Sie sich dann bequem in einen gemütlichen Sessel und lassen Sie Ihre Phantasie Richtung Süden schweifen. Sie sehen sich selbst, wie Sie in einem großen, herrlichen Park am Seeufer spazieren gehen und die Frühlingssonne genießen. In der lauen, warmen Luft haben Sie Ihre Jacke ausgezogen und lassen nun die Sonnenstrahlen Ihre Unterarme streicheln. Ein feines Lüftchen spielt mit

Ihrem Haar und bringt Ihnen den Duft sich öffnender Blüten. Kleine, feine Wellen klimpern ans Ufer, und auf der Promenade bewegen sich außer Ihnen unzählige andere Frauen, Männer und Kinder, die sich am Frühling und auf den Sommer freuen. Die Magnolienblüten leuchten wie Kerzen an den noch unbeblätterten Ästen, die Kastanienbäume zeigen erstes Grün, das sich aus klebrigen Knospen befreit, und die Mimosenbäume leuchten Glück verheißend gelb und prächtig.

Vor einem tief hängenden Ast bleiben Sie stehen und betrachten die winzigen gelben Pompons, die federleicht in Ihrer Hand wiegen und einen köstlichen Frühlingsduft einladender Süße und Zärtlichkeit verströmen. Sie berühren eines der gefiederten Blätter und beobachten, wie es sich schützend einrollt. Es erinnert Sie an Ihre eigenen zarten Seiten, und Sie versprechen sich selbst, dass Sie liebevoll und behutsam mit sich umgehen werden. Beim Weitergehen flattert ein erster Zitronenfalter leicht und fröhlich an Ihnen vorbei, und Spatzen, Meisen und Rotkehlchen zwitschern um die Wette. Eine Atmosphäre der Heiterkeit liegt wie Blütenduft über der Szene, und hin und wieder blicken Sie in ein anderes Augenpaar, das wie Sie voller Freude das erwachende Leben betrachtet. Zwei junge Hündchen jagen übermütig über den Rasen, Kinder üben Purzelbäume und sogar die ersten Eisverkäufer nützen die beschwingte Stimmung.

Sie setzen sich auf eine Bank und blicken über die leicht gekräuselte Oberfläche des Sees, durch dessen weiches Wasser bereits ein Ruderboot gleitet. Die alte Frau neben Ihnen hebt ihr faltiges Gesicht mit zufriedenem Lächeln der Sonne entgegen und erzählt Ihnen, wie sehr sie das Leben auch mit Achtzig noch genieße. Sie plaudern ein wenig miteinander, bevor Sie aufstehen, sich verabschieden und auf den Heimweg begeben. Unterwegs kaufen Sie im Blumenladen einen Zweig Mimosen, der seine gelbe Heiterkeit auch bei Ihnen zu Hause ausbreiten wird.

Vielleicht stellen Sie sich gerne vor, wie Sie mit einer Gruppe anderer Menschen unterwegs sind oder wie Sie jemanden kennen lernen, mit dem Sie künftig gemeinsam durch den Park spazieren wollen – Ihrer Phantasie sind keine Grenzen gesetzt!

Myrrhe,
die Öffnende

In der Weite bin ich frei.

Myrrhe • Commiphora myrrha

Der Myrrhebaum aus der Familie der Balsamgewächse gedeiht in den arabischen Wüsten unter extremen Witterungsbedingungen, in trockener Hitze und sengender Sonne. Sein Harz wird seit Urzeiten für rituelle Räucherungen verwendet, da es Geist und Seele öffnet und dadurch den Kontakt mit der Gottheit ermöglicht. Außerdem wird Myrrhe in ihren Herkunftsländern als vielseitiges Heilmittel bei Erkrankungen der Atemwege, in der Zahnheilkunde sowie als Bestandteil hautpflegender Öle verwendet. Das ätherische Öl wird durch Wasserdampfdestillation aus dem zerriebenen Harz bzw. dem Resinoid gewonnen; es ist zäh, dickflüssig und riecht warm, balsamisch und würzig. Wie alle Harze besitzt es auch eine ausgeprägte wundheilende und schützende Komponente, da seine ursprüngliche Aufgabe ist, die Verletzung eines Baumes zu heilen.
Vorsicht: Nicht während der Schwangerschaft anwenden!

Eigenschaften

Spirituell öffnend, wärmend, schützend.

Anwendung

Das zähflüssige ätherische Öl der Myrrhe eignet sich nicht für die Duftlampe, da es schwerer ist als Wasser und zu Boden sinkt. Hingegen ist es in Verdünnung – 2 Tropfen ätherisches Myrrheöl auf einen Esslöffel Jojobaöl (siehe Anhang Seite 125) – ein sehr pflegendes Hautöl. Verteilen Sie ein wenig der Ölmischung auf Gesicht und Händen; die anfängliche Klebrigkeit hält nicht lange an. Zur Räucherung eignet sich außerdem das Harz der Myrrhe ausgezeichnet.

Meditation

Setzen Sie sich bequem, aber mit geradem Rücken auf einen Stuhl. Die Füße stehen hüftbreit auseinander auf dem Boden, die Hände liegen entspannt im Schoß, und der Kopf ruht locker auf Hals und Wirbelsäule. Schließen Sie die Augen und spüren Sie die Verbindung zwischen Ihren Füßen, die guten Kontakt mit dem Boden haben, und Ihrem Scheitel. Nehmen Sie Ihren Atem wahr, der

zunehmend ruhig und gleichmäßig Ihren Brust- und Bauchraum füllt und wieder entleert. Geben Sie sich ganz diesem Rhythmus hin, der von selbst und ohne Ihr absichtliches Zutun funktioniert und Sie mit Leben erfüllt.
Stellen Sie sich jetzt vor, wie Sie ganz allein durch die Wüste gehen: vor, neben und hinter sich nichts als Weite und ockerfarbene Sanddünen; über Ihnen die Unendlichkeit des Himmels. Winzig klein erscheint Ihre Gestalt im endlosen Raum, der von Hitze und Licht durchdrungen ist. Schritt für Schritt bewegen Sie sich über unberührten Boden, als Erste(r) und Einzige(r) Spuren hinterlassend. Es ist, als lösten Sie sich auf und würden mit der weiten Stille rundum verschmelzen. Nichts ist zu hören, absolut nichts als Ihr Atem, der Rhythmus ins Nichts bringt und Sie mit der Wüste verbindet. Ohne zu zögern gehen Sie Ihren Weg weiter, voller Vertrauen darauf, dass die Schöpfung mit Ihnen ist und für Sie sorgt. Es wird heißer und heißer, Sie sind durstig und auch müde, als Sie am Horizont etwas erblicken, das wie Bäume aussieht. Sie gehen langsam und stetig darauf zu, bis Sie erkennen, dass Sie sich einer Oase nähern. Dattelpalmen stehen dort und spenden Schatten, und ein kleines Rinnsal mit frischem, klaren Wasser bewegt sich ein Stück weit über der Oberfläche.
Dankbar setzen Sie sich unter eine der Palmen, trinken vom klaren Wasser und ruhen sich aus. Sie sind ein Teil dieser Unendlichkeit, in der nichts anderes als der Moment zählt. Obwohl Sie ganz allein sind, empfinden Sie keine Einsamkeit, sondern fühlen sich aufgehoben im Kosmos, der weit und ohne Ende ist und Ihnen Platz bietet. Bleiben Sie in dieser Oase solange Sie mögen, bevor Sie langsam und behutsam Ihre Vision verlassen und zurückkommen.

Die Wüste ist ein sehr starkes Symbol, das die spirituelle Erfahrung von Entgrenzung und Auflösung ermöglicht und einen mit tiefen Schichten der eigenen Persönlichkeit in Kontakt bringt. Begeben Sie sich nur dann auf diese visualisierte Reise, wenn Sie Lust darauf verspüren.

Myrte,
die Reine

Mein Geist ist klar und hell.

Myrte • Myrtus communis

Als Brautkranz ist die Myrte aus alter Überlieferung bekannt. Die stark duftenden, weißen, sternenförmigen Blüten des Myrtenstrauches symbolisieren Reinheit und Unschuld und damit Eigenschaften, die man für eine Braut für wünschenswert hielt. Im Mittelmeerraum, wo die Myrte wächst, ist dieser Brauch zum Teil noch lebendig. Das ätherische Öl aus Blüten und Blättern riecht sehr frisch, krautig und süß und erinnert ein wenig an den Duft von Eukalyptus, mit dem die Myrte entfernt verwandt ist. Abgesehen davon, dass die Myrte hilfreich ist bei Grippe und Erkältungen, wirkt sie geistig und energetisch stark reinigend und klärend.

Eigenschaften

Reinigt die Raumluft und klärt die Gedanken, erfrischt und bringt gute Laune. Unterstützt das Loslassen von fixen Ideen und materiellen Gegenständen.

Anwendung

Verdünnen Sie 12 Tropfen ätherisches Myrtenöl in 50 ml Mandelöl und verteilen Sie die Mischung mit kreisenden Bewegungen auf Gesicht, Schultern und Hals. Halten Sie die Hände vors Gesicht und atmen Sie den Duft mit geschlossenen Augen einige Atemzüge lang ein. Sie können auch zwei Tropfen ätherisches Öl der Myrte in die Duftlampe geben.

Meditation

Setzen oder legen Sie sich bequem hin und sorgen Sie dafür, dass Ihre Kleidung Sie nicht einengt. Erlauben Sie dem ganzen Körper und vor allem Ihrem Gesicht, sich ganz zu entspannen und jeden Muskel, auch den kleinsten, loszulassen. Genießen Sie die Weite, die sich in Ihnen ausbreitet, und hören Sie Ihrem Atem zu, der rhythmisch in Sie hinein- und aus Ihnen herausfließt.

In Gedanken sehen Sie sich nun an einer Steilküste Korsikas stehen: Der Tag ist hell und warm, und tief unter Ihnen sehen Sie, wie das tiefblaue Meer die Felsen umspült und seine weiße Gischt weit in die Luft schleudert. Da, wo Sie jetzt

stehen, duftet es nach Salz, Pinien und Macchia, dem dichten, grünen Gestrüpp, das die Felsen bedeckt. Sie tragen leichte, weiße Kleidung und gehen oben auf der Klippe mit freiem Blick über das Meer, das sich am Horizont fast übergangslos mit dem Blau des Himmels vereint. Die Luft ist erfüllt vom frischen Duft der wilden Natur, die sich wuchernd neben Ihnen ausbreitet.
Ihr Pfad führt nun weg von der Küste, ins Innere der Insel. Sonne und feiner Wind röten Ihre Wangen und lassen Ihre Haut pulsieren; Sie fühlen sich beschwingt und unbefangen und summen ein Lied, das sich den Weg tief aus Ihrem Innern bahnt. Leichtfüßig steigen Sie über Brombeerranken, die ihre Fühler bis in den Weg hineinstrecken, und folgen dem Pfad, der Sie in ein lichtes Pinienwäldchen führt. Nach einigen Minuten kommen Sie an einen Felsen, von dem sich ein munterer Wasserfall in ein natürliches Becken ergießt. Das klare Wasser verspritzt sich in Tropfen und kleine Fontänen und das Rauschen des Wasserfalls erfüllt den Wald. Sie legen Ihr Kleid auf einen mit Moos bewachsenen Baumstrunk und stellen sich unter das kühle Nass, das herrlich erfrischend durch Ihre Haare und über Ihren Körper sprudelt. Die Kraft des spritzenden Wassers bereitet Ihnen Genuss, und Sie spüren, wie Ihre Haut zu prickeln beginnt; Sie fühlen sich herrlich lebendig und verspielt!
Nachdem alles Alte und Überflüssige von Ihnen abgespült worden ist, stellen Sie sich in die Sonne und lassen sich von ihren Strahlen trocknen. Erfrischt und vergnügt ziehen Sie Ihre weiße Kleidung über und machen sich auf den Weg, der Sie durch den Pinienwald und der Steilküste entlang ganz gemächlich wieder in Ihr momentanes Zimmer führt. Kreisen Sie Hände und Füße, strecken und dehnen Sie sich, bevor Sie die Augen öffnen und sich mit neuem Elan Ihrem Vorhaben widmen.

Der Duft der Myrte hat wirklich etwas Jungfräuliches. Lassen Sie sich anstecken von seiner frischen Fröhlichkeit und erleben Sie sich selbst in Ihrer ganzen Unbefangenheit, die seit Ihrer Kindheit in Ihnen lebendig ist, sich aber vielleicht nur selten ausdrücken darf. Geben Sie Ihrer sorglosen und heiteren Seite genügend Platz in Ihrem Alltag; Sie werden sehen, wie leicht gewisse Dinge dann von der Hand gehen.

Narde,
die Verbindende

Ich bin der Goldfaden zwischen
Himmel und Erde.

Narde • Nardostachys jatamansi

Die unscheinbare Pflanze Narde, ein Baldrian-Gewächs, ist etwas ganz Besonderes: Sie wächst auf den höchsten Höhen des Himalaja, die Wurzeln fest im Fels verankert, das Köpfchen ganz nah beim Himmel. Aus den Wurzeln wird das erdig duftende Nardenöl gewonnen, das schon die alten Ägypter benutzten und mit dem Maria Jesus vor dem letzten Abendmahl salbte: »Da nahm Maria ein Pfund echtes, kostbares Nardenöl, salbte Jesus die Füße und trocknete sie mit ihrem Haar. Das Haus wurde vom Duft des Öls erfüllt.« (Johannes, 12.3) So steht denn Narde für die innige Verbindung zwischen Irdischem und Göttlichem und ist wie keine andere geeignet, das Gefühl der Ganzheit zu vertiefen und eine Entspannung zu unterstützen, die einen »nach Hause kommen lässt«.

Eigenschaften

Ätherisches Nardenöl wirkt spirituell verbindend sowie beruhigend bei Migräne, Stress und Schlaflosigkeit.

Anwendung

Geben Sie einen Tropfen ätherisches Nardenöl – es ist sehr dickflüssig und dunkelbraun in der Farbe – auf einen Esslöffel Sesam- oder Olivenöl und massieren Sie sich damit Füße, Hände und Sonnengeflecht ein. In starker Verdünnung verliert Narde von ihrer erdigen Note und lässt einen zarten Blütenduft erkennen. Sie können auch lediglich einen Tropfen der Mischung aufs »dritte Auge« zwischen den Augenbrauen geben. Narde eignet sich auch für die Duftlampe.

Meditation

Setzen Sie sich bequem hin: die Füße stehen nebeneinander fest auf dem Boden, Arme und Hände liegen entspannt auf den Oberschenkeln. Ihr Atem geht ruhig und gleichmäßig, Ihr Herz schlägt verlässlich. In Ihrer Vorstellung ist es früher Morgen eines beginnenden Sommertages. Sie stehen am Fuße eines Berges und nehmen Ihre unmittelbare Umgebung wahr: um Sie herum Wiesen, Fels, kleine Bäche. Die Luft ist frisch und erfüllt mit aromatischen Düften. In Ihrem eigenen

Tempo und ganz mühelos machen Sie sich auf den Weg zur Bergspitze. Langsam, aber stetig schreiten Sie voran auf dem Weg, der zuerst breit ist und dann zunehmend schmaler wird, bis es schließlich nur noch ein Pfad ist. Sie folgen Ihrer Intuition, die Sie Schritt für Schritt auf dem Weg nach oben lenkt. Die Luft wird dünner, und eine sanfte Brise streift Ihre Haut. Schließlich erreichen Sie den höchsten Punkt, von wo aus Sie tief unter sich die Landschaft sehen, aus der Sie gekommen sind.

Hier oben, wo Sie sich nun befinden, wölbt sich nur noch die blaue Weite des Himmels über Ihnen, die Raum und Zeit vergessen lässt. Breiten Sie Ihre Arme aus und öffnen Sie sich vollständig dem wunderbaren Gefühl, ein Geschöpf Gottes zu sein. Lassen Sie den Wind Ihren Körper streicheln und die Sonne Ihre Seele erwärmen; lassen Sie die Seligkeit zu, die erfülltes Alleinsein mit sich bringt, und spüren Sie die Nähe zur kosmischen Kraft. Sie sind der Mensch, der Sie sind, und Sie sind gut so! Ganz fein sehen Sie den goldenen Faden blitzen, mit dem der oberste Punkt Ihres Scheitels mit dem Himmel verbunden ist. Hier oben empfinden Sie die Unendlichkeit, in der wir so winzig klein erscheinen, und gleichzeitig Dankbarkeit dafür, dass Sie geschaffen wurden und dass es Sie, gerade Sie, im Plan des Universums braucht. Sie sind gewollt, und Sie sind ein wichtiges Glied der Kette, die alles Lebendige umfasst.

Bleiben Sie hier oben, solange Sie es als nährend empfinden. Bevor Sie sich auf den Rückweg machen, danken Sie dem Göttlichen für seine liebende Weisheit und verabschieden Sie sich – vorübergehend – vom tiefen Erlebnis am höchsten Punkt der Welt. Gehen Sie dann denselben Pfad zurück, den Sie hochgekommen sind, bis Sie wieder unten an Ihrem Ausgangspunkt stehen. Inzwischen ist es Abend geworden, und Sie kehren zurück in Ihr Zimmer – wohl wissend, dass Ihr Ausflug auf den Berg ein Stück spiritueller Wahrheit widerspiegelt.

Diese visualisierte Reise auf den Berg verbindet Sie mit dem Göttlichen; egal, ob Sie es Buddha, Allah, Jesus, Jahwe, große Göttin oder Kosmos nennen. Wichtig und seelisch nährend ist die Gewissheit, in den großen Plan eingebunden und mit allem Lebendigen verbunden zu sein.

Palmarosa,
die Gelassene

Ein Lächeln erhellt mein Gemüt.

Palmarosa • Cymbopogon martinii

Das ätherische Öl des wild wachsenden Süßgrases wird hin und wieder zur Fälschung von ätherischem Rosenöl missbraucht, weil es einen hohen Anteil an Geraniol enthält, das auch in der Rose vorkommt. Palmarosa besitzt neben dem sanften, beruhigenden Duft aber auch eine vitale und sogar spritzige Note, die dem blumigen Charakter Frische verleiht. Ursprünglich stammt Palmarosa aus Indien, Nepal und Pakistan, wird heute aber auch auf den Komoren, in Afrika, Indonesien und Brasilien angebaut. Es ist verwandt mit dem Zitronengras und mit Citronelle, duftet jedoch weicher.

Eigenschaften

Stärkend, entspannend, friedlich und gelassen stimmend.
Vorsicht: Nicht während der Schwangerschaft anwenden!

Anwendung

Palmarosa entfaltet seinen Duft sehr gut sowohl in der Duftlampe als auch im Massageöl; es pflegt und regeneriert überdies die Haut.

Meditation

Am besten richten Sie sich in einem Sessel oder auf dem Sofa bequem ein, die Hände entspannt auf dem Bauch ruhend, die Füße hoch gelagert. Neben Ihnen verströmt die Duftlampe einen feinen, blumig-frischen Geruch, der zärtlich Ihre Nase kitzelt. Sie atmen die duftende Luft genussvoll ein und lassen sie ungehindert wieder hinausströmen. Nehmen Sie den immer gleichmäßiger werdenden Rhythmus Ihrer Atmung wahr und spüren Sie, wie sie langsam tiefer in Ihr Becken sinkt und den Raum in Ihnen ausdehnt.

In Gedanken befinden Sie sich nun im Garten eines englischen Herrenhauses. Es ist ein warmer, sonniger Frühsommertag, dessen blauer Himmel sich weit über Ihnen wölbt. Sie sitzen an einem Tischchen, das unter einem Rosenbusch mit altrosa Blüten steht und den Blick auf einen sorgsam angelegten englischen Stufengarten freigibt.

Sie haben Ihr Buch in Ihren Schoß sinken lassen und genießen die Stille dieses angenehmen Ortes, die nur vom Brummen der Hummeln und dem eifrigen Gesummse anderer Insekten durchbrochen wird. Prächtige alte Bäume mit ausladendem Astwerk bilden weiter hinten ein kleines Wäldchen, in dessen Mitte ein steinerner Brunnen steht und frisches Quellwasser in sein Becken sprudeln lässt. Satt grüner Rasen ist von sorgsam angelegten Blumenrondellen durchsetzt, und auf der Steintreppe, die zum Hauseingang führt, wärmt sich eine Eidechse. Über Ihnen ziehen die Schwalben ihre Kreise und Libellen mit ihren schlanken, blauen Leibern sirren knapp über dem Wasser des kleinen Seerosen-Teichs. Die Rosen verströmen ihren unvergleichlich milden Duft und zaubern ein wohliges Lächeln in Ihr Gesicht. Das Lächeln vertieft sich, als der Butler mit einem Tablett erscheint, um Ihnen den Five-o'clock-tea in einem wunderschönen Geschirr zu servieren. Der herbe Duft des Tees vermischt sich mit dem süßen Duft der Rose, und Sie können sich nichts Schöneres vorstellen, als in diesem friedvollen Garten Ihren Nachmittagstee zu genießen.
Weit entfernt vom Alltag geben Sie sich dem Vergnügen des Alleinseins hin, bevor Sie sich am Abend zum Dinner mit den anderen Gästen des Hauses treffen werden. Ein Hauch von Luxus umgibt jeden Grashalm auf diesem Gelände, das keine Sorgen zu kennen scheint und seit Urzeiten nichts anderes als behäbige Zufriedenheit und Wohlstand ausstrahlt. Nachdem Sie Ihre Tea-time beendet haben, schlendern Sie gemächlich zum Wäldchen hinüber und lassen das kristallklare Brunnenwasser über Ihre Hände fließen. Auf dem Brunnenrand sitzend, lauschen Sie der Stille und dem Raunen der ehrwürdigen Bäume, die von alten Zeiten erzählen. Genießen Sie diesen Frieden, solange Sie sich wohl fühlen, und nehmen Sie etwas von seiner Gelassenheit mit in Ihr Heim, in dem Sie demnächst die Augen öffnen werden.

Wenn Ihnen nach Gesellschaft zumute ist, erweitern Sie Ihre Visualisation mit Menschen, die zusammen mit Ihnen Tee trinken und mit denen Sie sich angeregt unterhalten können. Diese Entspannung ist ideal, wenn Sie vom Alltag abschalten, später aber nochmals ausgehen wollen.

Petitgrain,
der Tatkräftige

Voller Freude mache ich mich ans Werk.

Petitgrain • Citrus aurantium var. amara

Weder aus den Orangenblüten noch den -schalen, sondern aus den Blättern und kleinen Zweigen des Orangenbaumes lässt sich dieses erfrischend duftende ätherische Öl gewinnen. Sehr gute Qualitäten sind aus Süditalien, aber auch aus Frankreich, Paraguay, Nordafrika und Haiti erhältlich. Über die Herkunft des Namens »Petitgrain« (= »kleines Korn«) kursieren zwei Erklärungen: Früher habe man das ätherische Öl aus den grünen, unreifen Bitterorangen gewonnen, als diese noch kaum mehr als »Körnergröße« hatten – so die eine Version. Die andere Variante meint, der Name sei auf die Ölgänge in den Blättern zurückzuführen, die kleinste Höckerchen bilden. Wie auch immer: Petitgrain ist seit über hundert Jahren Bestandteil von Kölnisch Wassern, die erfrischend duften und vorbeugend gegen Reiseübelkeit wirken.

Eigenschaften

Das ätherische Petitgrain-Öl hilft, Ideen und Visionen in die Tat umzusetzen. Es fördert die Kreativität, stärkt das Nervensystem, wirkt erfrischend, belebend und unterstützt die Konzentration sowie die Handlung.

Anwendung

Lassen Sie einige Tropfen Petitgrain in der Duftlampe verdunsten; eventuell mischen Sie noch einen einzigen Tropfen ätherisches Orangenöl bei. Verdünnt in Trägeröl (12 Tropfen auf 50 ml Jojobaöl, siehe Anhang Seite 125), können Sie sich auch die Handflächen damit einreiben.

Meditation

Legen Sie einen Schreibblock und etwas zum Schreiben bereit. Setzen Sie sich dann bequem hin: die Füße auf dem Boden, Schultern und Arme entspannt, die Augen geschlossen. Spüren Sie Ihren Atem. Achten Sie darauf, wie er in Sie hinein- und aus Ihnen herausfließt. Überlassen Sie sich ganz seinem Rhythmus, bis Sie sich zunehmend zentriert und entspannt fühlen. Denken Sie nun an jenes Ihrer Vorhaben, das als Idee in Ihrem Kopf vorhanden, aber noch nicht umgesetzt

ist. Visualisieren Sie jedes Detail Ihrer Idee, und stellen Sie sich das Resultat vor, wie Ihre Idee Tatsache geworden ist. Genießen Sie diese Vorstellung, freuen Sie sich von Herzen darüber und malen Sie sich in den schönsten Farben aus, welche Vorteile das Resultat Ihrer Bemühungen Ihnen oder jemand anderem bringen wird.
Stellen Sie sich dann vor, wie Sie vorgehen wollen, um Ihre Vision umzusetzen. Überlegen Sie sich Schritt für Schritt, was zu tun sein wird, und erstellen Sie in Gedanken eine Liste, auf der jeder einzelne Punkt festgehalten ist; die Reihenfolge spielt zu diesem Zeitpunkt noch keine Rolle. Vor Ihrem inneren Auge können Sie sehen, wie Sie jede der anstehenden Arbeiten mit Elan anpacken und zu Ihrer vollen Zufriedenheit erledigen. Bei jedem Arbeitsschritt denken Sie beim Einatmen: *Das kann ich!* und beim Ausatmen: *Es ist mir gelungen!* Spielen Sie so in Ihrer Vorstellung das ganze Prozedere durch, bis das Resultat – sei es etwas Materielles oder etwas Ideelles – leuchtend schön und bestens gelungen vor Ihnen steht.
Genießen Sie das Gefühl, erreicht zu haben, was Sie sich vorgenommen hatten. Ballen Sie Ihre Hände einige Male zu Fäusten und entspannen Sie sie dann wieder, bevor Sie die Visualisation beenden und in die Wirklichkeit zurückkehren. Nehmen Sie Papier und Bleistift und halten Sie die visualisierten Arbeitsgänge fest, bevor Sie sich ans Werk machen, um Ihre Phantasie in die Realität umzusetzen.

Manche Menschen besitzen ein großartiges kreatives Potential, doch fällt es ihnen schwer, ihre guten Ideen in Taten umzusetzen, also Nägel mit Köpfen zu machen. Oft hindert einen eine Art Furcht, man sei nicht fähig, die Idee auch wirklich auszuführen, oder man ist halt eher ein Mensch der Worte denn der Taten. Da wirklich gute Ideen es jedoch verdienen, ausgeführt zu werden, sind die Unterstützung des Petitgrain-Duftes sowie die Vorstellung des prächtigen Resultats eine wunderbare Hilfe, um aus Ideen Tatsachen zu machen. Fehlt es an Vertrauen in die eigenen Fähigkeiten, bilden die beiden Sätze: *Ich kann es!* und *Es ist mir gelungen!* die beste Voraussetzung dafür, sich die Handlung auch wirklich zuzutrauen.

Rose,
die Liebende

Mein Herz ist erfüllt von Liebe.

Rose • *Rosa damaszena, Rosa centifolia oder Rosa gallica*

Die Rose gilt als Königin der Blumen: strahlend schön und farbig verströmen die alten Sorten ihren lieblichen, süßen Duft, der die Sinne verwöhnt und das Herz erfreut. Traurige fühlen sich getröstet, strenge Menschen werden heiter und die Seele der Verliebten durchströmt ein Glücksgefühl. Schon immer hat der Rosenduft Romantiker beflügelt, Poeten angespornt und Leiden geheilt. Die Rose gilt auch als Christus-Symbol.
Der Duft der Damaszener-Rose (auch türkische Rose genannt) ist süß, schwer und geheimnisvoll, während die *Rosa centifolia* (auch unter dem Namen Mairose erhältlich) und *gallica* leichter und frischer riechen. Das ätherische Öl der Rosen wiederum, das durch Wasserdampfdestillation gewonnen wird, ist leichter als das des Absolues, das aus den Blütenblättern extrahiert wird. Ein einziger Tropfen des ätherischen Öls oder Absolues enthält den Duft von dreißig Rosenblüten! Vor allem Bulgarien, Marokko, Südfrankreich und die Türkei bauen Rosen zur Ölgewinnung an. Da Rosenöl eines der kostbarsten Öle überhaupt ist, werden oft Fälschungen angeboten; kaufen Sie nur in vertrauenswürdigen Fachgeschäften ein. (Siehe dazu im Anhang unter *Kriterien für eine gute Qualität*, Seite 124.) Die Öle, die einem an den Herstellungsorten der betreffenden Länder angeboten werden, sind leider meistens Fälschungen.

Eigenschaften

Der Duft der Rose wirkt entspannend, beruhigend, zuversichtlich stimmend, antidepressiv, stimmungserhellend bis euphorisierend. Er macht das seelische Herz weich und friedvoll.

Anwendung

Sie können entweder einen einzigen Tropfen ins Wasser der Duftlampe geben oder einen Tropfen mit zwei Esslöffeln Mandelöl verdünnen und sich über dem Herzen einmassieren.

Meditation

Vielleicht lassen Sie ganz leise klassische oder meditative Musik laufen. Legen oder setzen Sie sich bequem hin und schließen Sie die Augen. Atmen Sie den feinen, süßen Rosenduft bewusst ein und lassen Sie ihn durch den ganzen Körper strömen. Jede Faser, jede Zelle soll vom Rosenduft erreicht und berührt werden. Gehen Sie mit Ihrer Aufmerksamkeit nun zu Ihrem Herzen und nehmen Sie wahr, wie es kräftig und zuverlässig in Ihrer Brust schlägt. Stellen Sie sich vor, wie aus Ihrem Herzen heraus langsam eine Rose zu wachsen beginnt: zuerst der Stiel, dann die Blätter, dann bildet sich eine Knospe, die sich schließlich ganz langsam, Blatt für Blatt zu öffnen beginnt. Beachten Sie, welche Farbe Ihre Rose hat, nehmen Sie wahr, wie sie duftet. Schauen Sie zu, wie sich die Blütenblätter eins ums andere öffnen, bis schließlich das Herz der Rose zu sehen ist.

Das Herz der Rose und Ihr Herz vereinen sich und werden eins. Sonnenstrahlen berühren das Innere Ihrer Herzblüte, wärmen sie und streicheln sie. Ein Glücksgefühl, ein Hauch von Seligkeit streift Sie: Öffnen Sie Ihr Herz und lassen Sie das Glück hinein. Es gehört dorthin, Sie dürfen glücklich sein! Erlauben Sie sich, das Glücksgefühl voll auszukosten und zu genießen – unbesehen davon, wie Ihr Alltag aussieht!

Verweilen Sie einige Minuten in diesem Zustand und sehen Sie dann zu, wie die Blütenblätter sich ganz sachte wieder übers Rosenherz legen, um es zu schützen. Kommen Sie erst dann in die Gegenwart zurück, wenn Ihre Rose sich wieder zu einer Knospe geschlossen hat.

Bei dieser Meditation nehmen Sie Ihr liebendes Herz wahr. Es ist unwichtig, ob es sich dabei um allumfassende, erotische oder zielgerichtete Liebe handelt. Sie spüren genau, was Liebe ist: das erfüllende, glücklich stimmende Gefühl, das sich in Ihrem Herzen ausbreitet. Es ist gut, regelmäßig mit diesem Gefühl in Kontakt zu sein!

Rosmarin,
der Kämpfer

Ich setze mich durch und
erreiche mein Ziel!

Rosmarin • Rosmarinus officinalis

Der Rosmarin wächst vorwiegend im Mittelmeerraum, gedeiht aber auch in anderen warmen Klimata. Seine spitzen Nadeln verraten, dass er gewohnt ist, sich zur Wehr und durchzusetzen. Seine Energie entspricht derjenigen des Sternzeichens Widder, dessen Motto ebenfalls heißt »Ich will und ich kann!« Sein Duft bestätigt die äußere Erscheinung: Rosmarin riecht krautig, frisch, manchmal etwas stechend, eukalyptus- oder kampferartig, oft gefolgt von einer dumpferen Note. Je nach Herkunft überwiegt der kampferartige oder eukalyptusähnliche Anteil. Das ätherische Öl wird durch Wasserdampfdestillation gewonnen und stammt aus Italien, Frankreich, Spanien, Tunesien und Marokko.

Vorsicht: Schwangere und Epileptiker sowie Menschen mit erhöhtem Blutdruck sollten diesen Duft meiden!

Eigenschaften

Rosmarin wirkt anregend, durchblutungsfördernd, wärmend, willens- und nervenstärkend sowie blutdruckerhöhend.

Anwendung

Mischen Sie einen Tropfen ätherisches Rosmarinöl mit einem Esslöffel kaltgepresstem Trägeröl (siehe Anhang Seite 125) und massieren Sie beide Hände und beide Füße gut damit ein. Wenn Sie wollen, können Sie auch den Bauch unterhalb des Nabels mit dieser Mischung einreiben. Halten Sie dann Ihre Hände mit geschlossenen Augen vor die Nase und atmen Sie während einiger Atemzüge den kräftigen Duft tief ein. Rosmarin eignet sich auch gut für die Duftlampe.

Meditation

Setzen Sie sich mit geradem Rücken, aber dennoch entspannt auf einen Stuhl. Die Beine sind leicht geöffnet, die Füße ruhen fest auf dem Boden. Die Hände liegen auf dem Bauch unterhalb des Nabels; der Kopf ruht locker auf Hals und Wirbelsäule.

Lenken Sie Ihre Aufmerksamkeit auf Ihren Atem. Spüren Sie, wie die verbrauchte Luft aus Ihnen herausströmt und frische Luft in Sie hineinfließt. Achten Sie auf Ihren Atemrhythmus, der ganz von selbst fließt. Mit der Zeit nehmen Sie wahr, wie der Atem tiefer sinkt, bis in Ihr Becken hinein. Mit den Händen spüren Sie, wie die Bauchdecke sich wölbt und wieder in sich zusammenfällt. Lassen Sie sich Zeit und genießen Sie die Verlässlichkeit Ihres Atmens.
Stellen Sie sich nun die Situation vor, die Sie in absehbarer Zeit bewältigen wollen. Visualisieren Sie, wie Sie aufrecht dastehen und sachlich, aber freundlich sagen, was Sie zu sagen haben. Sie spüren Ihr Rückgrat und wissen, dass Sie sich darauf und auf sich selbst verlassen können. In Ihrer Vorstellung reagiert Ihr Gegenüber offen auf das, was Sie ihm oder ihr sagen, und akzeptiert Ihren Wunsch. Stellen Sie sich vor, wie Sie sich nach dem erfolgreich verlaufenen Gespräch bei Ihrem Gegenüber bedanken und sich verabschieden.
Lassen Sie nun die beflügelnde Empfindung zu, sich geäußert zu haben und verstanden worden zu sein. Verweilen Sie im Gefühl, dass Ihre Selbstachtung intakt ist und Sie das Recht haben, Ihre Wünsche sachlich und freundlich anzubringen. Für die restliche Zeit der Visualisation sagen Sie sich in Gedanken beim Einatmen: *Ich will!* und beim Ausatmen: *Ich kann!*

Diese Meditation kräftigt Ihr Selbstvertrauen und Ihren Mut, Ihre Wünsche offen anzubringen. Durch die Visualisation schaffen Sie eine Atmosphäre, die dem Erreichen Ihres Ziels zuträglich ist. Sollte Ihr Gegenüber kein Verständnis für Ihren Wunsch zeigen oder ablehnend reagieren, lassen Sie sich dadurch nicht entmutigen. Manchmal sind mehrere Anläufe notwendig. Wichtig ist, dass Sie niemals vorwurfsvoll oder in einer Opferhaltung auftreten, sondern immer sachlich und freundlich bleiben. Dadurch bewahren Sie sich Ihre Selbstachtung und zerschlagen nicht unnötig Geschirr.

Sandelholz,
das Spirituelle

Ich öffne mich der ewigen Weisheit.

Sandelholz • Santalum album

Manch alter Tempel im Fernen Osten wurde aus Sandelholz gebaut, das seinen balsamischen, warmen und sehr sinnlichen Duft während Jahrhunderten verströmt. In Indien, wo der immergrüne, mittelgroße Baum wächst, gilt sein Duft als heilig; er wird aus alter Tradition für Meditationen verwendet. Sandelholz verbindet auf einzigartige Weise das Wurzelchakra mit dem Kronenchakra oder – mit anderen Worten – den Sitz der Sexualität mit dem Zentrum der spirituellen Öffnung. Anders als im Christentum schließen im Buddhismus Erotik und Erleuchtung einander nicht aus, sondern stehen in stetem Austausch zueinander. Sandelholz dient im tantrischen Yoga dazu, die sexuelle Energie des untersten Chakras in eine sehr hohe geistige Schwingung zu transformieren. Einer seiner biochemischen Bestandteile ist überdies dem männlichen Hormon Androstenol sehr ähnlich und wirkt besonders auf Frauen anziehend und aphrodisierend.

Eigenschaften

Stimmungserhellend, ausgleichend, beruhigend, meditativ stimmend, aphrodisierend, stärkend.

Anwendung

Verdünnt in Sesam- oder Mandelöl (10 Tropfen ätherisches Öl auf 50 ml Trägeröl, siehe Anhang Seite 125) von Kopf bis Fuß oder auch nur vom Becken bis zur Brust sanft einmassieren. Das ätherische Öl vom Sandelholz ist sehr hautpflegend. Auch in der Duftlampe entfaltet es seinen Duft sehr schön.

Meditation

Setzen Sie sich mit geradem Rücken, aber bequem hin. Wenn Ihnen die Meditationshaltung geläufig ist, nehmen Sie diese ein, ansonsten wählen Sie einen Stuhl, der Ihren Rücken stützt. Beide Fußsohlen liegen gut auf dem Boden auf, Schultern und Arme sind entspannt, die Augen geschlossen. Hören Sie zu Beginn dem regelmäßigen Ein und Aus Ihrer Atmung zu und spüren Sie, wie der

Atem Sie nährt. Nun stellen Sie sich vor, dass hinter Ihren geschlossenen Lidern ein kleines Lächeln sitzt, das seine stille Heiterkeit überall in Ihren Körper aussendet: in die Füße, die Beine, ins Becken, in die Sexualorgane, in Bauch und Brust, Hals, Nacken und Kopf und über die Schultern bis in die Fingerspitzen. Nachdem es jeden Körperteil liebevoll berührt hat, kehrt das kleine Lächeln wieder an seinen Ursprungsort hinter Ihren Augen zurück.
In Gedanken sehen Sie nun, wie zu Ihren Füßen eine Lotusblume erscheint, deren Blüte noch geschlossen ist, deren Stängel aber stetig wächst, bis er die Höhe Ihres Kopfes erreicht hat. Jetzt sehen Sie, wie die Lotusknospe sich langsam, Blatt für Blatt öffnet, um ihr Herz dem Licht entgegenzurecken. In Ihrer Vorstellung sind Sie nun winzig klein; so klein, dass Sie sich mitten in die geöffnete Lotusblüte setzen und das warme Licht des Himmels empfangen können. Sie erlauben sich, Ihr Herz ganz zu öffnen, genauso wie die Blume, in der Sie sitzen, und die feinen Töne des Universums in sich aufzunehmen. Sie schwingen in Einklang mit der göttlichen Ewigkeit und sitzen gleichzeitig fein geborgen in der Lotusblüte, beschienen und gewärmt vom hellen Licht der großen Kraft. Die Zeit wird zur Ewigkeit. In der Abenddämmerung schließen sich die Blütenblätter über Ihnen und geben Ihnen Schutz, bevor sie sich am nächsten Morgen wieder öffnen werden.
Nehmen Sie dieses Bild in Ihr Herz, bevor Sie in Gedanken zum kleinen Lächeln hinter Ihren Augen zurückkehren und sie dann langsam öffnen. Bleiben Sie nach dieser Visualisation noch einige Minuten sitzen und lassen Sie sie wirken, bevor Sie den Tag beginnen.

Diese meditative Entspannung bereitet Sie, kurz nach dem Aufstehen praktiziert, optimal auf den Tag vor. Das Bewusstsein, ein winziger, aber dennoch wichtiger Teil des Universums zu sein, verhilft automatisch zur einer Einstellung der Achtsamkeit und einem Handeln gemäß Ihrem Gewissen. Wenn Sie mit dem Chakra-System und der Kundalini-Kraft bereits vertraut sind, können Sie das Wachstum der Lotus-Blüte auch in Ihrem Innern visualisieren. Gehen Sie aber immer behutsam vor, da ein zu schnelles Öffnen der Chakras vermieden werden soll.

Thymian,
der Mutige

Ich kann mich auf meine Kraft verlassen!

Thymian • Thymus vulgaris (Chemotyp Thymol und Carvacrol)

Die etwas struppige Pflanze stammt ursprünglich aus dem Mittelmeerraum und ist ein beliebtes Küchenkraut, da es den Speisen eine aromatische Würze verleiht und dank seiner ausgeprägten antimikrobiellen Wirkung nachhaltig vor Ansteckungen aller Art schützt. Als Arzneipflanze wird es seit alters her gegen Infektionen des Atem- sowie des Urogenitaltraktes mit Erfolg verwendet. Da das Kraut bzw. sein Duft außerdem Mut verleihen, das Immunsystem und die Willenskraft stärken, wurde Thymian früher – wie auch Lorbeer – den Kriegern in Kränzen um den Hals gelegt, bevor sie in den Krieg zogen. Dass der Lorbeerkranz heute dem Sieger gebührt, könnte demnach darauf zurückzuführen sein, dass eben diejenigen gewannen, die sich vor der Schlacht zu stärken wussten.

Vorsicht: Ätherisches Thymianöl ist stark hautreizend! Ungeeignet für Allergiker, Epileptiker, Kinder, Schwangere und Menschen mit hohem Blutdruck!

Eigenschaften

Stärkend und kräftigend auf Nerven- und Immunsystem; fördert Mut und Durchhaltevermögen.

Anwendung

Geben Sie zwei Tropfen ätherisches Thymianöl in die Duftlampe.

Meditation

Setzen Sie sich bequem, aber aufrecht hin, Hände und Arme ruhen entspannt auf den Oberschenkeln. Die Füße stehen fest auf dem Boden, die Augen sind geschlossen. Atmen Sie ruhig und gleichmäßig und beobachten Sie, in welchen Körperteilen Sie den Atem spüren. Gehen Sie in Gedanken durch den ganzen Körper und versuchen Sie festzustellen, welche Körperteile stark sind und welche sich geschwächt anfühlen. Verweilen Sie vorerst bei den Stellen, die sich stark und kräftig anfühlen. Atmen Sie in diese Stellen hinein und spüren Sie, wie diese gut durchblutet und genährt sind. Verschieben Sie Ihre Aufmerksamkeit nun auf diejenigen Körperteile, die Sie geschwächt wahrnehmen. Atmen Sie ruhig und gleichmäßig in diese Stellen und beachten Sie, wie die Durchblutung in diesen Körperteilen angeregt wird und zunehmend Kraft hineinfließt. Machen Sie diese Atemübung so lange, bis Sie auch die zuerst geschwächten Stellen als deutlich kräftiger wahrnehmen.

Denken Sie dann daran, was Ihnen zurzeit Mut abverlangt. Betrachten Sie das Bild, das vor Ihnen aufsteigt, in aller Ruhe; vorläufig sind Sie ja nur der Betrachter. »Beatmen« Sie nun auch dieses Bild, bis es kräftiger und deutlicher wird. Nun stellen Sie in Gedanken eine zweite Leinwand neben das erste Bild und visualisieren auf dieser zweiten Fläche eine Weide mit einem großen, kräftigen Stier darauf. Betrachten Sie diesen Stier, seinen breiten Nacken, seine massige Gestalt, und schöpfen Sie daraus die Kraft, die Sie für Ihr Vorhaben brauchen. Sagen Sie sich bei jedem Einatmen: *Ich kann mich auf meine Kraft verlassen!* – und lassen Sie das Ausatmen einfach geschehen. Bevor Sie in Ihren Raum zurückkehren, öffnen und schließen Sie mehrmals die Hände, dehnen und strecken danach den ganzen Körper, fühlen Ihre Stärke – und öffnen erst dann die Augen.

Diese Visualisation ist sehr kräftigend und verleiht Mut. Es versteht sich jedoch von selbst, dass sie nur dann eingesetzt werden soll, wenn Ihr Vorhaben Sinn macht und Sie mit Ihrer ganzen Persönlichkeit dahinter stehen. Es ist wenig ratsam, sich mit dieser Anleitung auf einen Banküberfall vorzubereiten oder die Eigernordwand besteigen zu wollen, wenn Sie noch nicht mal die Kondition für einen längeren Spaziergang mitbringen. Der Duft von Thymian und das entsprechende mentale Training unterstützen ein Vorhaben, von dessen Machbarkeit und Richtigkeit Sie überzeugt sind und dessen Ausführung legitim ist.

Vanille,
die Kuschelige

Herrlich geborgen ruhe ich
in mir selbst.

Vanille • Vanilla planifolia

Man sieht es der Vanilleschote nicht an, dass sie einer rankenden Orchidee entspringt, die an Bäumen bis zu 25 m hoch emporklettert. Ihre weißen, trichterförmigen Blüten bringen grüne »Früchte«, eben die Vanilleschoten hervor. Ihr schwarzes Aussehen und ihren balsamischen, süßen Geschmack und Duft entwickeln sie aber erst durch die Fermentation, die ungefähr ein halbes Jahr dauert. Hauptlieferanten von Vanilleschoten sind Mexiko und Madagaskar; das Resinoid wird durch eine Alkoholextraktion gewonnen und ist von dunkler, zäher Konsistenz. Viele Erwachsene und die meisten Kinder lieben den Duft von Vanille innig. Vermutlich hängt das damit zusammen, dass Mütter, die soeben geboren haben, nach Vanille bzw. Karamell duften. Somit dürfte dieser Duft einer unserer ersten olfaktorischen, also Geruchserinnerungen sein.

Eigenschaften

Der Duft von Vanille vermittelt ein Gefühl kuscheliger Geborgenheit. Er schenkt Ruhe und Wohlbefinden, wenn wir uns desorientiert oder einsam fühlen, und erleichtert das Einschlafen.

Anwendung

Der Duft eignet sich gut für die Duftlampe, da er sein intensives Aroma erst in der Wärme entfaltet. Wunderbar schmeckt aber auch ein Glas Milch, in dem Sie einen halben Vanillestengel 5 Minuten haben sieden lassen. Süßen Sie mit etwas Honig und genießen Sie die Wohligkeit, die sich darauf in Körper und Seele ausbreitet.

Meditation

Kuscheln Sie sich gemütlich ins Sofa oder in einen bequemen Sessel und sorgen Sie dafür, dass Ihre Kleidung Sie in keinster Weise einengt. Breiten Sie gegebenenfalls eine Wolldecke über sich, damit Ihnen schön warm ist. Schließen Sie nun die Augen und atmen Sie den zärtlich-süßen Vanilleduft ein, der sich in jeder Zelle ihres Körpers verbreitet und alles mit seiner hellen Lieblichkeit erfüllt. In Gedanken sehen Sie sich über Land gehen. Das Wetter ist trübe und kühl, Sie sind hungrig und sehnen sich nach einem warmen Heim und etwas Essbarem. Ohne zu wissen, wo Sie sind, folgen Sie dem Weg über Wiesen und Felder, vorbei an vereinzelten Scheunen und grasenden Kühen, durch Wälder und entlang eines kleinen Flusses. Als es langsam dunkel wird, erkennen Sie in weiter Entfernung Lichter, die auf eine Siedlung schließen lassen. Sie gehen zielstrebig darauf zu, denn bevor es Nacht wird, möchten Sie sich in Sicherheit wissen.

Beim Näherkommen sehen Sie, dass die Siedlung aus einer Handvoll Häusern besteht, aus deren Fenstern warmes, gelbes Licht leuchtet. Sie stehen vor einem kleinen, in einem liebevoll gepflegten Garten stehenden Haus, nehmen Ihren Mut zusammen und klopfen an, um für diese Nacht um Obdach zu bitten. Eine alte Frau mit freundlichem Gesicht öffnet die Tür und bittet Sie herein. Sie befinden sich nun in einer großen Küche mit offener Feuerstelle, in der ein helles, warmes Feuer knistert. Die alte Frau freut sich über Ihren Besuch und sagt: »Eben habe ich einen Apfelkuchen gebacken, der viel zu groß für mich allein ist. Wie schön, dass Sie mir beim Nachtmahl Gesellschaft leisten!« Sie bringt Ihnen einen Krug warmer Milch. Voller Freude genießen Sie gemeinsam den warmen Apfelkuchen und unterhalten sich angeregt, während eine Katze um Ihre Beine streicht.

Nach der langen Wanderung und dem köstlichen Mahl sind Sie nun schläfrig. Die freundliche Frau holt ein großes Schaffell, legt es vor dem Ofen mit der glimmenden Glut aus, und Sie dürfen sich hinlegen und Ihre müden Glieder strecken. Wohlig genährt und rundum zufrieden merken Sie noch, wie die Frau eine Wolldecke über Ihnen ausbreitet, bevor Sie in einen seligen Schlaf hinübergleiten. Sie spüren, dass Sie hier in diesem Haus willkommen sind und die Gastfreundschaft der Frau dankbar und ohne Fragen zu stellen annehmen dürfen.

Wer wünscht sich nicht ab und zu eine mütterliche Gestalt, die uns Behaglichkeit schenkt? Wenn im täglichen Leben solche Menschen fehlen – und es gibt immer wieder Situationen, in denen wir allein durch unbekanntes Gelände streifen und uns nach Wärme sehnen –, sind wir selbst es, die uns Geborgenheit geben und liebevoll annehmen können. Diese Meditation eignet sich ganz besonders gut vor dem Schlafengehen.

Vetiver, das Entspannende

Die Erde trägt mich.

Vetiver • Vetiveria zizanoides

Vetiver ist ein zähes Gras, dessen Wurzeln in der Erde ein starkes Geflecht bilden und so den Boden während der Regenzeit vor Erosion schützen. In Indien wird es zu diesem Zweck angebaut. Das ätherische Öl aus den Wurzeln, das vor allem in Asien und Südamerika destilliert wird, ist dickflüssig und von dunkler Farbe; es riecht erdig, warm, holzig und sinnlich. Neben seiner Kreislauf anregenden und krampflösenden Wirkung beruhigt und harmonisiert es die Nerven und baut die Widerstandskraft auf. Vor allem auf Männer hat es eine stärkende und entspannende Wirkung.

Eigenschaften

Aufbauend, erdend, stärkend, entspannend, das Immunsystem stimulierend und die Nerven beruhigend.

Anwendung

Vetiver eignet sich für die Duftlampe oder aber verdünnt in Basisöl (2 Tropfen auf einen Esslöffel Sesamöl, siehe Anhang Seite 125), als Massageöl. Ideal ist es auch als aromatischer Zusatz für ein Fußbad: Geben Sie drei Tropfen ätherisches Vetiveröl auf eine Handvoll Meersalz, das Sie einer mit warmem Wasser gefüllten Fußwanne beifügen; die Temperatur sollte 36 Grad Celsius nicht unter- und 42 Grad Celsius nicht übersteigen. Teilen Sie Ihre Zeit auf in 5 bis 10 Minuten Fußbad und 10 Minuten Nachruhen.

Meditation

Setzen Sie sich auf einen Stuhl, an dessen Lehne Sie sich bequem anlehnen können, während Ihre Füße entspannt im warmen Fußbad liegen. Die Hände ruhen in Ihrem Schoß, die Schultern fallen locker herab. Genießen Sie die wohlige Wärme an Ihren Füßen und spüren Sie, wie die Gefäße sich weiten, weich und offen werden. Stellen Sie sich vor, dass Sie Ihren Atem bis hinunter zu den Füßen lenken und sie zusätzlich mit frischer Luft nähren. Sollten Alltagsgedanken Ihre Entspannung stören, so nehmen Sie sie kurz zur Kenntnis und kehren einfach wieder zur schönen Empfindung in Ihren Füßen zurück.

Stellen Sie sich nun vor, dass sich an Ihren Fußsohlen kleine Würzelchen bilden, die sich langsam durch den Boden der Wanne in den Fußboden vortasten und dort ein dichtes Wurzelwerk bilden, das Ihnen Halt und Festigkeit verleiht. Verfolgen Sie in Gedanken Ihre Wurzeln, wie sie durch alle Stockwerke hindurch bis ins Erdreich vorstoßen und sich dort gut und fest verankern. Aus der Erde beziehen nun die kleinen und die großen Wurzeln Nahrung, die sie durch das ganze Wurzelwerk hinauf bis zu Ihren Füßen leiten. Von Ihren Füßen wiederum breiten sich Kraft und Energie in Ihre Beine, Ihr Becken aus, über Bauch und Brust bis hinauf in Kopf und Arme. Herrlich durchblutet und genährt fühlen Sie sich!
Verweilen Sie einige Minuten in diesem visualisierten Kreislauf, bevor Sie die Wurzeln langsam wieder einziehen, bis Ihre Füße wie gewohnt im Wasser stehen. Spülen Sie sie kurz mit kaltem Wasser ab, trocknen Sie sie sorgfältig, und gönnen Sie sich nochmals einige Minuten der Ruhe, währenddessen Sie immer wieder den Satz: *Die Erde trägt mich!* hören. Achten Sie auf das herrliche Kribbeln in Füßen und Beinen, fühlen Sie die Schwere Ihres Körpers und die Sicherheit der Unterlage, die ihn trägt. Lassen Sie sich nun entweder in den Schlaf gleiten oder ballen Sie Ihre Hände einige Male zu Fäusten, bevor Sie sich wieder in die Wirklichkeit zurückversetzen.

Vetiver ist einer der am stärksten erdenden Düfte überhaupt. Wenn Sie regelmäßig die Verbundenheit mit der Erde spüren wollen, mischen Sie sich ein Öl aus 50 ml Sesamöl mit 12 Tropfen ätherischem Vetiveröl, mit dem Sie sich immer nach dem Duschen Füße und Beine und eventuell auch das Sonnengeflecht einmassieren. Vielleicht möchten Sie dem erdenden Element noch ein lichtvolles zugeben; dann mischen Sie 5 Tropfen ätherisches Vetiver- und 10 Tropfen Grapefruitöl mit 50 ml Basisöl. Vetiveröl eignet sich hervorragend, um einem leichten, frischen Öl wie Grapefruit, Lavendel oder Citronelle einen tieferen Gehalt zu geben.

Ylang-Ylang, das Exotische

In der Fülle fühle ich mich wohl.

Ylang-Ylang • Cananga odorata var. genuina

Wer jemals den süßen, sinnlichen Duft dieser gelben Blüten erfahren hat, wird ihn nie mehr vergessen! Der bis zu 20 m hohe Baum wächst in den Tropen, und seine großen, feinen, meist gelben Blüten werden in Indonesien den Frischverheirateten auf das Nachtlager gestreut, da ihr Duft aphrodisisch wirkt und die sexuelle Lust weckt, auf das Nervensystem aber gleichzeitig beruhigenden Einfluss nimmt. Der sehr intensive Duft soll niedrig dosiert werden, da er in starker Konzentration Kopfschmerzen auslösen kann. Das ätherische Öl stammt vorwiegend aus Indonesien und den Philippinen, aber auch von La Réunion, Madagaskar und den Komoren.
Vorsicht: Ylang-Ylang kann leicht blutdrucksenkend wirken und ist daher für Menschen mit sehr niedrigem Blutdruck weniger zu empfehlen!

Eigenschaften

Aphrodisierend, löst nervöse Anspannung und stressbedingte Beschwerden, stimmungserhellend bei leichten und mittleren Depressionen.

Anwendung

Acht Tropfen ätherisches Ylang-Ylang-Öl in 50 ml Jojobaöl mischen und damit den ganzen Körper sanft einmassieren, je nach Wunsch auch die Kopfhaut. Da Ylang-Ylang sehr nährend wirkt, pflegen Sie damit gleichzeitig Haut und Haare. Der Duft entfaltet sich auch in der Duftlampe sehr schön.

Meditation

Richten Sie sich bequem auf Ihrem Sessel oder in Ihrem Bett ein. Ihr ganzer Körper ist locker und fühlt sich herrlich entspannt an. Genießen Sie bei jedem Einatmen den süßen, exotischen Duft, und lassen Sie sich von Ihrer Phantasie in den tropischen Wald entführen. Ihre Füße gehen auf weichem Humus und tragen Sie wie von selbst. Die Luft ist warm und feucht und duftet üppig nach Blüten, Erde, Tieren und Urwald. Kletterpflanzen ranken sich an unendlich hohen Stämmen empor, in allen Farben blühende Orchideen haben sich in Astgabeln

eingenistet, einzelne Sonnenstrahlen durchbrechen das dämmrige Feucht, und in den Bäumen über Ihnen turnen die Affen, summen Insekten, kreischen bunte Vögel und huschen unbekannte Schatten von Ast zu Ast. Die Luft ist erfüllt von unzähligen Lauten und Stimmengewirr, von üppigem Duft, bunten Farben und schwerer Feuchtigkeit – und dennoch breitet sich über diesem Chaos eine nie gekannte Ruhe aus, die alles durchdringt und ein Gefühl tiefen Friedens auslöst.
Sie befinden sich an einem Ursprung der Natur, der gleichermaßen spritzig, lebendig und zeitlos ist, in dem ein natürliches Gleichgewicht zwischen Anregung und Entspannung herrscht. Hier tickt keine Uhr, hier scheint die Zeit stillzustehen und sich ganz dem Rhythmus der Natur unterzuordnen. Sie erforschen das Dickicht, bücken sich unter tief hängenden Pflanzen hindurch, berühren mit Ihren Händen Rinde, Blätter und Blüten. Alles scheint hier zu gedeihen, sucht sich einen Platz an der Sonne und birst beinahe vor lauter Lebenskraft! Sie spüren Ihre eigene Lebendigkeit, Ihr Verlangen, an dieser fülligen Vielfalt und verschwenderischen Großzügigkeit teilzuhaben. Getrauen Sie sich, an einem Urwaldriesen hochzuklettern; schwingen Sie auf Lianen und bewegen Sie sich so frei und unbeschwert wie ein Affe. Erklimmen Sie die höchsten Baumspitzen und kriechen Sie unter schweren Wurzeln hindurch – machen Sie all das, was Sie noch nie oder seit Ihrer Kindheit nie mehr getan haben!
In Ihrer Vorstellung können Sie wahre Kunststücke vollbringen, Ihren Bewegungsdrang ausleben oder sich dem Entzücken der unbändigen Natur hingeben. Tanken Sie Sinnlichkeit, Üppigkeit und Fülle, bevor Sie die Tropen verlassen und mit einem Gefühl herrlicher Energie wieder in Ihren Alltag zurückkehren. Nun fühlen Sie sich gleichzeitig entspannt und vital, und was immer Sie jetzt vorhaben wird von einem Gefühl der Erfüllung begleitet sein!

Wie oft spüren Sie sich bewusst? Räkeln und dehnen, strecken und winden Sie sich! Gähnen Sie! Erlauben Sie Ihrem Körper, sich auszudrücken, bis Sie sich rundum wohl fühlen. Vielleicht singen Sie oder seufzen bloß vernehmlich vor sich hin – oder kuscheln sich ins Sofa und hören Musik. Tun Sie, wonach es Sie verlangt, und setzen Sie sich keine unnötigen Grenzen.

Zeder, die Zentrierende

Ich stehe mit beiden Beinen
auf dem Boden.

Atlaszeder • Cedrus atlantica

Die Atlaszeder gilt als Abkömmling der berühmten Libanon-Zeder, deren Holz bereits in der Antike für den Schiffbau und deren ätherisches Öl für Kosmetika, Parfum und Einbalsamierungen verwendet wurde. Sowohl im Gilgamesch-Epos als auch im Hohelied der Bibel besungen, repräsentierte die Zeder schon immer Festigkeit, Stärke und Würde. Die Zedern des Libanons wurden schon vor langer Zeit abgeholzt; heute finden sich Zedernwälder mit uralten Baumriesen vor allem noch im Atlasgebirge in Marokko und Algerien. Die Atlaszeder ist nicht zu verwechseln mit der Himalaja-Zeder oder der in den USA heimischen Virginia- bzw. Texas-Zeder. Das ätherische Öl wird aus Abfällen der Holzverarbeitung gewonnen.

Eigenschaften

Das ätherische Öl der Atlaszeder – und in geringerem Masse auch der Himalaja-Zeder – wirkt stärkend, erdend, zentrierend sowie beruhigend aufs Nervensystem.

Anwendung

Zedernöl entfaltet seine volle Duftkraft nur in der Wärme. Es ist ein ideales Öl für die Duftlampe, kann aber auch auf die Haut aufgetragen werden. Nehmen Sie auf einen Esslöffel Basisöl (z.B. Sesamöl, das ebenfalls erdend wirkt, siehe auch Anhang Seite 125) einen bis zwei Tropfen Zedernöl und massieren Sie mit dieser Mischung Ihre Füße mit sanftem Druck.

Meditation

Setzen Sie sich breitbeinig und mit geradem Rücken auf einen Stuhl; die Fußsohlen sollen gut auf dem Boden aufliegen. Schultern und Arme sind entspannt, der Kopf ruht in gerader, lockerer Haltung auf Hals und Schultern. Schließen Sie die Augen und verfolgen Sie mit Ihrer Aufmerksamkeit den Atem, der durch Ihre Nase in Sie hinein- und durch Sie hindurch fließt, bis Sie ihn wieder entweichen lassen. Seien Sie sich beim Atmen Ihres Rückgrats bewusst, das die Verbindung zwischen Becken und Kopf bildet und Sie zuverlässig stützt.

Verweilen Sie einige Momente beim Bild Ihrer Wirbelsäule, die kräftig und doch beweglich von Ihrem Becken aufsteigt und Ihnen Halt verleiht. Lenken Sie Ihren Atem bewusst ins Steißbein und spüren Sie, wie sich diese Region ganz unten an Ihrem Rücken belebt. Die Kraft, die Sie dort spüren, steht Ihrem Rückgrat – dem körperlichen wie dem seelischen – zur Verfügung.
Stellen Sie sich nun vor, Sie seien in einem weiten, Licht durchfluteten Zedernwald. Damit Sie in die Wipfel sehen können, müssen Sie den Kopf zurücklegen – so weit in den Himmel streckt der Baum seine Äste! Suchen Sie sich einen besonders starken, schönen Baum mit geradem Stamm aus, gehen Sie auf ihn zu und lehnen Sie sich mit dem Rücken an seinen Stamm. Sie spüren die Beschaffenheit seiner Rinde, atmen seinen erdigen, holzigen Duft, und über Ihr Rückgrat empfinden Sie die Kraft dieses uralten, riesigen Baumes, dessen Wurzeln gut in der Erde verankert sind und dessen Krone hoch in den Himmel ragt. Mit geschlossenen Augen nehmen Sie die tiefe, langsame und zuverlässige Schwingung der Zeder in sich auf, bis Sie ganz mit ihr verschmelzen und das Gefühl haben, Sie selbst seien dieser Baum.
Spüren Sie, wie wichtig es ist, gut im Boden verankert zu sein, damit man sich sanft im Winde wiegen und sich mit dem Himmel unterhalten kann. Nehmen Sie den Schutz, die Zuverlässigkeit und die Kraft, die dieser Baum aussendet, ganz in sich auf. Es ist ein Geschenk, das Sie annehmen und für sich brauchen dürfen; der Baum gibt es Ihnen freiwillig. Bevor Sie in Ihren Raum zurückkehren, bedanken Sie sich bei der Zeder für ihre Hilfsbereitschaft, spüren nochmals bewusst Ihre Füße auf dem Boden und Ihre kräftige Wirbelsäule.

Diese Visualisation ist besonders hilfreich, wenn Sie sich mutlos oder ohnmächtig fühlen, wenn Sie zerstreut sind oder in »rosa Wölkchen« schweben. Die Zeder festigt den Boden unter Ihren Füßen. Bei gewissen Formen der Depression ist die Zeder der richtige Baum bzw. Duft, um zur eigenen lebensbejahenden Kraft zurückzufinden. Wenn Sie die Gelegenheit haben, verlegen Sie diese Übung in den Wald und übernehmen Sie die Kraft einer Eiche, Buche oder Kiefer – irgendeines alten, großen Baumes, von dem Sie sich angezogen fühlen.

Zimt,
der Stärkende

Ich ruhe wohlig warm
in mir selbst.

Zimt • Cinnamomum zeylanicum (oder verum)

Der Zimtbaum wächst in tropischen Regionen und wird bis zu 15 m hoch. Jedes zweite Jahr werden die Schösslinge des Zimtbaumes geschält, und die junge Rinde findet bei uns vor allem in der Küche Verwendung. In seinen Ursprungsländern wird Zimt – sowohl die Rinde als auch die Blätter – als Heilmittel bei Erkältungen, Rheumatismus und menstruellen Beschwerden sehr geschätzt. Die feinste Qualität stammt aus Sri Lanka (Ceylon), doch wird Zimt auch in Südindien, Burma, auf Madagaskar und den Komoren angebaut.

Vorsicht: Das ätherische Öl der Zimtrinde ist hautreizend und sollte nicht auf der Haut angewendet werden! Für Schwangere ungeeignet!

Eigenschaften

Zimt wirkt wärmend und stärkend bei nervöser Erschöpfung, Stress, Gefühlskälte; außerdem regt er Immunsystem, Kreislauf und Atmung an, wirkt magenstärkend, antimikrobiell und aphrodisisch.

Anwendung

Lassen Sie entweder einen Tropfen ätherisches Öl aus der Zimtrinde in der Duftlampe verdunsten, oder gießen Sie sich einen Tee an: für einen halben Liter eine Zimtstange zerbrechen und mit ½ Liter kochendem Wasser übergießen; 10 Minuten ziehen lassen. Mischt sich gut mit Orangenblüten, frischer Ingwerwurzel oder Süßholz.

Meditation

Kuscheln Sie sich gemütlich in einen Sessel, neben sich eine Tasse Zimttee oder die Duftlampe, und schließen Sie die Augen. Von jetzt an gehört alle Zeit der Welt Ihnen allein. Ganz entspannt spüren Sie, wie Ihr Atem aus Ihnen herausströmt, wie frische Luft in Ihren Lungen sich ausbreitet, den Bauchraum füllt und schließlich bis ins Becken sinkt. Sie wollen gar nichts, nur in Ihrem Stuhl sitzen und Ihrem Atem zuhören. Sie können darauf vertrauen, dass Sie einfach geschehen lassen können: Ihr Körper weiß von selbst, was Ihnen gut tut. Wenn Sie

spüren, dass Sie sich dem Atem noch nicht ganz öffnen können, nehmen Sie dies ruhig zur Kenntnis und warten Sie, bis es so weit sein wird.
Stellen Sie sich dann vor, wie Sie gegen Abend durch den Wald gehen, die Luft ist frostig, und dicke Schneeflocken wirbeln durch die Luft. Sie sind erschöpft und wünschen sich so sehr einen Ort zum Ausruhen. Kaum haben Sie diesen Wunsch gespürt, sehen Sie sich plötzlich einer kleinen Holzhütte gegenüber, aus deren Kamin Rauch steigt. Über der Türe steht Ihr Name geschrieben: Es ist Ihre Hütte! Sie öffnen die Türe und stehen in einem behaglich warmen Raum. Im Ofen knistert ein Feuer, daneben steht ein bequemer Sessel, und auf dem Tischchen stehen eine Kanne Tee und ein Schälchen mit Pralinen. Sie schließen die Türe, lassen sich in den Sessel fallen und genießen das Gefühl der Wärme, die in Ihren Körper kriecht und Sie ganz wohlig und ein wenig schläfrig werden lässt. Sie sind daheim, angekommen bei sich selbst. Wie von allein erscheint ein Schriftzug im Raum, auf dem steht: *Ich ruhe wohlig warm in mir selbst.*
Bleiben Sie in Ihrer Hütte, solange es Ihnen wohl tut. Trinken Sie etwas warmen Tee, lassen Sie eine Praline in Ihrem Mund zerfließen, und geben Sie Ihren Gedanken Urlaub. Spüren Sie, wie wunderbar es ist, einfach mit sich selbst zu sein und Zeit zu haben. Bevor Sie sich entschließen, sich wieder auf den Weg zu machen, legen Sie einige Scheite Holz nach, damit das Feuer im Ofen weiterbrennt. Ziehen Sie sich dann warm an, bevor Sie in die frische Waldluft treten, und schließen Sie die Tür hinter sich. Sie wissen, dass diese kleine Hütte mit dem warmen Ofen in Ihrer Phantasie immer vorhanden ist und Sie herzlich willkommen heißt, wann immer Sie Lust verspüren, sich ruhig hinzusetzen und aufzuwärmen.

Diese Vorstellung hilft Ihnen, Ihre innere Anspannung loszulassen, sich tief zu entspannen und Kraft zu tanken. Wenn Sie anschließend gleich in den Schlaf gleiten wollen, brauchen Sie die Hütte gar nicht mehr zu verlassen.

Zirbelkiefer,
die Unerschütterliche

Ich bin gut geschützt.

Zirbelkiefer (Arve) • Pinus cembra

In den höchsten Alpenregionen Österreichs und der Schweiz wächst die unverwüstliche Zirbelkiefer, auch Arve genannt, die unter Naturschutz steht. Das ätherische Öl wird aus Nadeln und Zweigen gewonnen, die durch Sturmschäden oder bei der Waldpflege anfallen. Oft wird Zirbelkiefernöl gefälscht, indem beispielsweise ätherisches Öl aus der Latschenkiefer beigemischt wird. Die Zirbelkiefer mit ihrem stämmigen Wuchs und den meist zerzausten Ästen trotzt Hitze und eisiger Kälte, Blitz und Donner sowie heftigstem Wind. Die alten Legenden wissen denn auch über ihre Widerstandskraft und ihre Unerschütterlichkeit zu berichten, die dem Menschen Mut einflößt, wenn er es am nötigsten hat. In Tirol und im Engadin sind viele Kirchen und Kapellen aus Zirbelkiefernholz gebaut; sie verströmen ihren balsamischen, holzigen Duft über Jahrhunderte. Das ätherische Öl der Zirbelkiefer besitzt eine stark reinigende und schützende Wirkung.

Eigenschaften

Reinigt die Luft von schlechten Gerüchen (Rauch) und negativen Schwingungen; bietet energetischen Schutz und fördert Entschlossenheit und Ausdauer.

Anwendung

Lassen Sie zwei bis drei Tropfen ätherisches Öl der Zirbelkiefer in der Duftlampe verdunsten oder massieren Sie ein Hautöl (ein Tropfen ätherisches Öl auf einen Esslöffel Traubenkernöl) in vertikaler Richtung auf Bauch und Brust ein.

Meditation

Setzen Sie sich mit geradem Rücken auf einen Stuhl. Die Füße stehen gut auf dem Boden, die Hände liegen entspannt im Schoß, und der Kopf ruht locker auf Hals und Wirbelsäule. Gehen Sie nun mit Ihrer Aufmerksamkeit zu Ihrer Wirbelsäule, die sich vom Becken her aufbaut und Ihnen Halt und Stütze gibt. Versuchen Sie zu spüren, wie Ihre Wirbelsäule gleichzeitig stark, aber dennoch flexibel und biegsam ist, da sie ja aus vielen einzelnen Wirbeln besteht. Bewegen Sie den Rücken ganz leicht, damit Sie sich seiner Biegsamkeit besser gewahr werden. Stellen Sie sich nun bei jedem Atemzug vor, wie die Luft durch Ihre Nase dem Rückgrat entlang in Ihr Becken sinkt und durch den umgekehrten Weg wieder entweicht. Damit werden Sie sich der Lebendigkeit Ihres Rückens bewusst.

In Gedanken bauen Sie nun eine feinstoffliche Pyramide um sich herum: Beginnen Sie mit der Spitze, die sich etwa 20 cm oberhalb Ihres Scheitels befindet. Stellen Sie sich an dieser Stelle einen Lichtpunkt vor. In Gedanken ziehen Sie nun eine Linie zu Ihrer linken vorderen Seite, dann eine vom obersten Punkt zu Ihrer rechten vorderen Seite, eine vom Lichtpunkt nach links hinten und eine vom Lichtpunkt nach rechts hinten. Nun verbinden Sie die vier Punkte am Boden miteinander, so dass sich um Sie herum eine transparente Pyramide gebildet hat. Atmen Sie in Ihrer Vorstellung über den Scheitel aus und nähren Sie den Lichtpunkt über Ihrem Scheitel mit Energie und Farbe. Lassen Sie die Farbe vor Ihrem inneren Auge entstehen, die sich von selbst zeigt. Es kann sein, dass mehrere Farben sich zeigen oder dass sich die Farbe – vielleicht mehrmals – verändert. Das ist in Ordnung. Die Farbe, die sich am Lichtpunkt angesammelt hat, fließt nun über die Seitenwände der Pyramide und bringt sie zum Leuchten.

Sobald Sie sich sicher fühlen in Ihrer farbigen, transparenten Schutzhülle, stellen Sie sich vor, wie außerhalb Ihrer Pyramide ein Sturm zu toben beginnt, der an allem rüttelt und schüttelt, jedoch nicht in die Pyramide eindringen kann. Sie sitzen unversehrt und gut geschützt darin und fühlen sich sicher aufgehoben. Lassen Sie den Sturm dann wieder abklingen, verweilen Sie aber noch ein wenig in der Pyramide und sagen Sie sich mit jedem Atemzug: *Ich bin gut geschützt!* Dehnen und strecken Sie sich ausgiebig, bevor Sie wieder zurückkommen.

Diese Meditation ist immer dann angebracht, wenn Sie sich vom Schicksal gebeutelt und verunsichert fühlen. Die Vision, wie Sie selbst in Ihrer feinstofflichen Pyramide sitzen und in Sicherheit sind, bringt Sie mit Ihrem unerschütterlichen Kern – oder der kosmischen Weisheit, Kali, Gott oder Shiva, wie auch immer – in Verbindung. Dadurch fühlen Sie sich stark, geborgen und geschützt.

Zitrone, *die Konzentrations-fördernde*

Mein Geist ist wach und voll präsent.

Zitrone • Citrus limonum

Ursprünglich aus Asien kommend, hat sich der Zitronenbaum vor allem im Mittelmeerraum angesiedelt. Kulturen werden in Italien, Sizilien und Spanien, aber auch in Israel und Amerika angebaut. Das ätherische Öl stammt aus der Fruchtschale und wird durch Kaltpressung der ganzen Frucht gewonnen. Da das ätherische Öl leichter ist als der Fruchtsaft, kann es oben abgeschöpft werden. Ätherisches Öl aus Zitrusfrüchten wird vor allem in der Lebensmittelindustrie, in Kosmetik und Reinigungsmitteln verwendet. In der Aromatherapie zeigt es äußerst willkommene Wirkungen.
Vorsicht: Das ätherische Öl aus der Zitronenschale macht die Haut lichtempfindlich und kann sie reizen!

Eigenschaften

Das ätherische Zitronenöl stärkt das Immunsystem und wirkt leicht blutdrucksenkend. Es vermag die Konzentrationsfähigkeit bis um 40 Prozent zu erhöhen und ist eine gute Hilfe in Lern- oder Prüfungssituationen.

Anwendung

Stellen Sie eine Schale mit kaltem (oder auch heißem) Wasser in den Raum und geben Sie vier Tropfen ätherisches Zitronenöl hinein. Wenn es die Außentemperatur zulässt, öffnen Sie die Fenster oder lüften Sie zumindest kurz durch.

Meditation

Setzen Sie sich mit geradem Rücken auf einen Stuhl; Arme und Hände ruhen bequem auf den Oberschenkeln oder auf der Stuhllehne, die Füße stehen hüftbreit auseinander auf dem Boden. Schließen Sie die Augen und spüren Sie den Bodenkontakt. Richten Sie Ihre Aufmerksamkeit nun auf Ihren Atem: Atmen Sie bewusst so vollständig wie möglich aus, bis Ihre Lungen geleert sind. Lassen Sie dann frische Luft einströmen, ohne das Einatmen zu forcieren. Nehmen Sie genau wahr, wie die einströmende Luft sich in Bronchien, Lungen, Flanken und Bauchraum verteilt, und wie sie sich beim Ausatmen dann wieder

zurückzieht. Stellen Sie sich nun vor, dass Sie durchs linke Nasenloch ausatmen und nach einer kurzen Pause ebenfalls durchs linke Nasenloch wieder einatmen. Danach atmen Sie durchs rechte Nasenloch aus und nach einer kurzen Pause auch durchs rechte Nasenloch wieder ein.
Halten Sie diesen Rhythmus – aus/ein, Seite wechseln, aus/ein, Seite wechseln – während etwa 10 Atemzügen ein, bevor Sie dann wieder zu Ihrem natürlichen Atemrhythmus zurückkehren. Atmen Sie einige Atemzüge entspannt durch und bewegen Sie dann Ihre Augäpfel unter den geschlossenen Lidern in einem Kreis: oben, links, unten, rechts, oben, links usw.; drehen Sie nach einiger Zeit in der umgekehrten Richtung. Danach lassen Sie jede Vorstellung los, atmen entspannt weiter und denken sich den Satz: *Ich bin entspannt konzentriert und fühle mich sicher*. Nach einigen Minuten ballen Sie die Hände ein paar Mal zu Fäusten, schlagen die Augen auf und machen sich ans Werk.

Mittels PET (Positronen-Emissions-Tomographie) lässt sich heute nachweisen, dass der Duft von Zitrone die linke Hirnhemisphäre aktiviert, die für die Funktion der intellektuellen, analytischen Fähigkeiten zuständig ist. Gleichzeitig wirkt der Duft der Zitrone stabilisierend aufs Nervensystem. Die Atemtechnik sowie das Rollen der Augen bewirken einerseits eine Erhöhung der Hirnaktivitäten sowie einen Ausgleich zwischen den beiden Hemisphären. Auf diese Weise sind Sie optimal gerüstet, um sich Wissen anzueignen, Denkaufgaben zu lösen und sich auf Ihre Arbeit zu konzentrieren.

Sorgen Sie dafür, dass Sie sich nach Erledigung Ihrer Aufgabe auch wieder Entspannung gönnen und die Energie aus dem Kopf abziehen lassen. Ein guter Ausgleich ist die Rosen- oder die Narde-Meditation.

Anhang

Ätherische Öle – Kriterien für eine gute Qualität

Damit Sie sicher sein können, eine gute Qualität zu erwerben, sollten auf der Etikette folgende Daten vermerkt sein:

- 100 Prozent naturreines ätherisches Öl (oder »Absolue«, wenn es sich um einen Auszug handelt)
- deutscher und botanischer Name der Pflanze
- Herkunftsland
- Art der Gewinnung (Wasserdampfdestillation, Kaltpressung oder Auszug)
- verwendeter Pflanzenteil (Samen, Wurzeln, Schale etc.)
- wenn möglich: »aus kontrolliert biologischem Anbau« oder »Wildwuchs«
- Verfallsdatum
- evtl. Chargennummer

Ätherische Öle und Absolues sollten in dunklen Glasflaschen, gut verschlossen und kühl aufbewahrt werden. Leichte Öle, die schneller verderben (z.B. Koniferen- oder Zitrusöle) können ohne weiteres im Kühlschrank aufbewahrt werden. Solange eine Originalflasche noch nicht gebraucht und gut verschlossen ist, hält sich der Inhalt wesentlich länger als beim Verfalldatum angegeben. Je mehr Luft im Fläschchen ist, desto schneller oxidiert der Inhalt. Eine kühle Lagertemperatur kann diesen Vorgang bis zu vier Mal verlangsamen. Einige Hersteller bieten kindersichere Verschlüsse an; fragen Sie bei Bedarf im Geschäft danach.

Haltbarkeit der ätherischen Öle

Leicht flüchtige ätherische Öle wie das der Nadelbäume (Koniferen), einiger Kräuter wie Basilikum, Thymian oder Lavendel und der Zitrusfrüchte (Bergamotte, Orange, Zitrone, Limette usw.) sind nach Anbruch rund ein Jahr haltbar; im Kühlschrank bis zu zwei Jahren. Schwerere ätherische Öle wie das der Rose, der Geranie oder von Ylang-Ylang halten sich zwei bis vier Jahre. Sehr schwere, meist dickflüssige Öle oder Absolues aus Harzen, Hölzern oder Wurzeln (Benzoe, Sandelholz, Narde, Vetiver) sind mehrere Jahre lang haltbar und duften mit der Zeit durch die Lagerung sogar runder, reifer und feiner.

Körper- und Massageöle

Sie können Körper- und Massageöle leicht selbst herstellen, indem Sie auf 50 ml (= ½ Deziliter) so genanntes Träger- oder Basisöl 10 bis 15 Tropfen ätherisches Öl zugeben und mit dem Basisöl vermischen. Als Basisöle eignen sich alle kalt gepressten, biologisch angebauten Pflanzenöle wie beispielsweise Mandelöl, Olivenöl, Distelöl, Sonnenblumenöl, Sesamöl, Aprikosenkernöl, Weizenkeimöl usw. Wichtig ist, dass Sie eine gute Qualität, nach Möglichkeit aus dem Reformhaus verwenden. Als besonders angenehm hat sich Jojoba-Öl (kalt gepresst!) erwiesen, da es sehr lange haltbar ist und nicht ranzig wird.

Mischen Sie ätherische Öle niemals in eine herkömmliche Lotion! Erstens bestehen diese meistens aus hohen Anteilen von mineralischen Ölen (also Erdöl-Derivaten), und zweitens enthalten sie synthetische Emulgatoren, die mit den ätherischen Ölen zusammen durch die Haut schlüpfen und sich an den Gefäßwänden ablagern. Einige Hersteller von Naturkosmetik bieten neutrale Lotions an, die Sie bedenkenlos als Basis verwenden können, sofern Sie ganz sicher sind, dass sie aus rein natürlichen Produkten hergestellt wurden.

Bereiten Sie möglichst nur kleine Mengen von Massage- und Körperölen zu, da sie, je nach Basisöl, schon nach zwei oder drei Monaten ranzig werden können.

Wenn Sie mehr über die verschiedenen Basisöle, deren Wirkung und Eigenschaften wissen möchten, empfiehlt sich die Lektüre des Buches *Pflanzenöle* von Ruth von Braunschweig (siehe Literatur).

Badezusätze

Da sich ätherische Öle ihrer fetthaltigen Substanz wegen nicht mit Wasser mischen können, braucht es einen natürlichen Emulgator. Als Verbindungsglied zwischen wässriger und öliger Substanz eignen sich zum Beispiel Vollmilch, Rahm, Honig oder Eigelb. Nehmen Sie auf eine halbe Tasse Milch 8 bis 12 Tropfen ätherisches Öl, mischen Sie gut um und fügen Sie die Mischung erst zu, wenn das Bad vollständig eingelaufen ist. Die ätherischen Öle verteilen sich dadurch gut im Wasser und dringen über den Geruchssinn, die Schleimhaut und die Haut in Ihren Organismus ein.
Seien Sie vorsichtig und verwenden Sie niemals ätherische Öle, die hautreizend wirken, wie zum Beispiel das ätherische Öl von Thymian oder der Zimtrinde. Selbst Zitrusöle, die im (kalten) Massageöl problemlos vertragen werden, können im warmen Badewasser die Haut reizen. In kosmetischen Badezusätzen, die beispielsweise Thymian enthalten, wurde der hautreizende Phenolbestandteil fabrikseitig eliminiert, weshalb sie sich als Badezusatz eignen. Allerdings ist dadurch ihre Wirkung beeinträchtigt. Hautreizende ätherische Öle dürfen jedoch ohne weiteres eingeatmet und sogar für eine Inhalation (bei Erkältungen) verwendet werden.
Meersalz eignet sich ebenfalls hervorragend für die Zubereitung eines individuellen Badezusatzes: Füllen Sie grobes Meersalz – oder in der Drogerie erhältliches Salz vom Toten Meer – in ein Glas, geben Sie einige Tropfen ätherisches Öl dazu, mischen Sie kräftig durch – und fertig ist das Badesalz! Gut verschlossen hält sich die Mischung einige Monate.

Verschiedene Möglichkeiten der Raumbeduftung

Am bekanntesten ist die Duftlampe, deren Schale durch ein Kerzenlicht erwärmt wird. Achten Sie beim Kauf auf folgende Punkte: Die Schale, die zunächst mit Wasser gefüllt und dann mit einigen Tropfen ätherischen Öls versehen wird, sollte eine Tiefe von mindestens 4 cm aufweisen. Ist die Schale sehr flach oder ihr Volumen sehr klein, verdunstet der Inhalt zu schnell und das ätherische Öl verbrennt am Boden der Schale. Außerdem sollte der Abstand von der Kerzenflamme bis zur Schale 12 bis 15 cm betragen, damit sich das Wasser mit den ätherischen Ölen nicht zu stark erhitzt. Ideal ist eine Verdunstungstemperatur von rund 40 bis 60 Grad Celsius. Erhitzt sich das Wasser stärker, entwickelt sich der Duft des ätherischen Öls nicht ideal.

Achten Sie darauf, dass Sie Ihre Duftlampe immer sauber halten, weil sich sonst mit der Zeit Rückstände aus Kalk, Harzen und Ölen bilden, die unangenehm riechen. Am leichtesten geht‘s, wenn Sie die Schale der Duftlampe gleich nach Gebrauch mit einem Tuch auswischen, solange sie noch warm ist. Sollte sich dennoch auf Grund mangelnder Pflege ein Schmutzrand gebildet haben, ist dieser durch Wundbenzin zu entfernen. Idealerweise besteht eine Duftlampe aus Ton, Porzellan oder Glas.

Im Umgang mit kleinen Kindern oder verwirrten (dementen) Menschen ist es manchmal sinnvoller, eine Art der Raumbeduftung zu wählen, die nicht mit einer offenen Flamme vorgenommen wird: Es gibt so genannte Aromastones, kleine Keramikplättchen, die elektrisch auf maximal 40 Grad Celsius erwärmt werden können. Das ätherische Öl wird direkt auf die Platte geträufelt und nach Gebrauch, das heißt nach 30 bis 40 Minuten, mit einem Tuch abgewischt, solange die Platte noch warm ist. Diese Anwendungsform birgt viel weniger Gefahren als diejenige mit einer Kerze.

Außerdem gibt es Ventilatoren (Aroma-Stream) und Diffusionsgeräte zu kaufen, die je nach Verwendung Vorteile bieten. Lassen Sie sich im Fachgeschäft beraten!

Glossar

Absolue	Aromatisches pflanzliches Extrakt, das nicht durch Destillation, sondern mittels flüchtigen Lösungsmitteln gewonnen wird.
Ätherisches Öl	Die von Pflanzen gebildete, flüchtige und wohlriechende Substanz von öliger Konsistenz, die durch Wasserdampfdestillation oder Kaltpressung (Zitrusfrüchte) gewonnen wird.
Chakra	Bedeutet auf Sanskrit »Rad/Kreis« und bezeichnet einen Punkt, der den physischen Körper mit dem Energiekörper verbindet und sich in einer bestimmten energetischen Schwingung dreht. Aufgrund der fernöstlichen Lehre befinden sich sieben bzw. neun Chakren entlang der Körperachse.
»Drittes Auge«	Stelle zwischen den Augenbrauen, die von Inderinnen oft mit einem roten Punkt markiert wird. Das »dritte Auge« gilt als Sitz der Intuition, als Tor zur Spiritualität und als Heimat des sechsten Chakras.
energetisch	Unsichtbare, von sensiblen Menschen aber spürbare Vorgänge im feinstofflichen Bereich.
Meditation	Ruhige Kontemplation, die meist im Sitzen, manchmal aber auch im Gehen ausgeführt wird. Hat zum Ziel, sich vom Alltag ab- und dem Göttlichen/Spirituellen zuzuwenden.
olfaktorisch	Über den Riechvorgang bzw. den Geruchsinn wahrnehmbar.
Sonnengeflecht/ Solarplexus	Nervengeflecht, das sich eine Handbreit oberhalb des Bauchnabels befindet und für energetische Schwingungen besonders empfänglich ist. Sitz des dritten Chakras.

Literaturempfehlungen

Rodolphe Balz: *Ätherische Öle – Heilkräftige Essenzen*. Windpferd, Aitrang [2]1996

Ruth von Braunschweig: *Pflanzenöle – 30 starke Helfer für die Gesundheit*. Gräfe und Unzer, München 1998

Patricia Davis: *Aromatherapie von A-Z*. Droemer Knaur, München 1998

Susanne Fischer-Rizzi: *Himmlische Düfte*. Hugendubel, München [12]1999

René-Maurice Gattefossé: *Aromatherapie*. AT, Aarau 1994

Martin Henglein: *Die heilende Kraft der Wohlgerüche und Essenzen*. Lübbe TB, Bergisch Gladbach 1989

Max Lake: *Duft und Sinnlichkeit*. Hugendubel, München 1995

Marcel Lavabre: *Mit Düften heilen*. Bauer, Stuttgart 1992

Julia Lawless: *Die illustrierte Enzyklopädie der Aromaöle*. Scherz, Bern 1996

Anne McIntyre: *Das große Buch der heilenden Pflanzen*. Hugendubel, München 1998

Gabriel Mojay: *Aromatherapie für die Seele*. Goldmann, München 1999

Günther Ohloff: *Irdische Düfte – himmlische Lust*. Birkhäuser, Basel 1992

Shirley und Len Price: *Aromatherapy for Health Professionals*. Churchill Livingstone, 1995

Shirley Price: *Praktische Aromatherapie*. Urania-Ravensburger, Berlin [4]1992

Paolo Rovesti/Susanne Fischer-Rizzi: *Auf der Suche nach den verlorenen Düften*. Hugendubel, München 1995

Wolf-Dieter Storl: *Pflanzendevas – Die Göttin und ihre Pflanzenengel*. AT, Aarau 1997

René A. Strassmann: *Duftheilkunde*. AT, Aarau 1991

Robert B. Tisserand: *Das ist Aromatherapie*. Bauer, Stuttgart [2]1994

Jean Valnet: *Die kleine Aromatherapie*. Heyne, München 1998

Monika Werner: *Ätherische Öle für Wohlbefinden, Schönheit und Gesundheit*. Gräfe und Unzer, München [5]1999

Eliane Zimmermann: *Aromatherapie für Pflege- und Heilberufe*. Sonntag, Stuttgart 1998

Dank

Seit 1988 hat mein Lehrer, Martin Henglein, meine unzähligen Fragen in Bezug auf die Welt der Düfte beantwortet, Zusammenhänge aufgezeigt und meiner Liebe zur Natur weitere Nahrung gegeben. Seiner Lehre verdanke ich das vertiefte Verständnis für die Aromatherapie, die Osmologie und für den vom ihm entwickelten archaischen Duftkreis. Er hat es verstanden, sowohl den intuitiven als auch den intellektuellen Zugang zum Wesen der Düfte und ihrer Verbindung zu allem Lebendigen zu wecken und zu fördern.
Außerdem waren meine Begegnungen mit Susanne Fischer-Rizzi und Dietrich Wabner sehr inspirierend und haben mir zusätzliche Duftwelten erschlossen. Nicht zuletzt habe ich aber auch durch die Erfahrungen, Fragen und Empfindungen der Frauen und Männer, die meine Seminare besuchen, viele neue Aspekte der Aromen kennen und beachten gelernt. Allen, die mich auf meinem (Lebens-)Weg der Düfte begleiten, sei auf diesem Weg von Herzen gedankt, ganz besonders auch meinem Mann, François Bernath, der mich immer wieder ermutigt hat, mein Wissen mündlich und schriftlich weiterzugeben.

Index

Im folgenden Stichwortverzeichnis können Sie nach dem Begriff Ihrer derzeitigen Befindlichkeit, aber auch nach einem angestrebten Zustand suchen und so herausfinden, welche ätherischen Öle mit der entsprechenden Meditation angezeigt sind. Sie finden sie alphabetisch geordnet im praktischen Teil dieses Buches ab Seite 23. Wählen Sie aus den verschiedenen Möglichkeiten diejenige aus, die Ihnen am meisten zusagt.

Aggression	Benzoe, Geranie, Kamille, Lavendel, Mimose, Myrrhe, Myrte, Rose, Vanille, Vetiver, Ylang-Ylang
Angst	Benzoe, Jasmin, Kamille, Lavendel, Narde, Palmarosa, Rose, Vetiver, Zeder, Zimt, Zirbelkiefer
Antriebs-schwäche	Basilikum, Grapefruit, Petitgrain, Rosmarin, Thymian, Zimt, Zitrone
Aphrodisiakum	Jasmin, Mimose, Rose, Sandelholz, Ylang-Ylang, Zimt
Ausdauer	Narde, Thymian, Zeder, Zirbelkiefer
Depressionen	Benzoe, Grapefruit, Kamille, Lavendel, Myrrhe, Rose, Vanille, Vetiver, Zeder, Zirbelkiefer
Einsamkeit	Benzoe, Geranie, Mimose, Rose, Vanille, Zeder
Energielosigkeit	Basilikum, Grapefruit, Petitgrain, Rosmarin, Thymian, Zimt, Zitrone
Entspannung	Benzoe, Geranie, Lavendel, Mimose, Rose, Sandelholz, Vetiver
Erotik	Jasmin, Mimose, Rose, Sandelholz, Ylang-Ylang, Zimt
Erschöpfung	Basilikum, Kamille, Narde, Rose, Vetiver, Zeder, Zimt, Zirbelkiefer
Freude	Basilikum, Grapefruit, Iris, Mimose
Geborgenheit	Benzoe, Myrrhe, Narde, Rose, Vanille, Zimt
Gedächtnisschwäche	Basilikum, Myrte, Rosmarin, Zitrone

Gedanken, klare	Lavendel, Myrte
Geduld	Benzoe, Geranie, Kamille, Lavendel, Rose, Sandelholz, Vetiver
Gefühlskälte	Benzoe, Geranie, Mimose, Rose, Ylang-Ylang, Zimt
Harmonie	Iris, Kamille, Myrrhe, Rose, Sandelholz
Heilung	Benzoe, Geranie, Kamille, Myrrhe, Rose
Herz-Energie	Kamille, Rose
Immunsystem	Basilikum, Myrte, Rose, Rosmarin, Thymian, Zeder, Zimt, Zitrone
Inspiration	Grapefruit, Iris, Palmarosa
Isolation	Geranie, Kamille, Mimose, Narde, Rose
Kälte, innere	Benzoe, Geranie, Kamille, Rose, Sandelholz, Vanille, Vetiver, Zimt, Zirbelkiefer
Konzentrationsschwäche	Basilikum, Myrte, Rosmarin, Zitrone
Kreativität	Grapefruit, Iris, Mimose
Lebensfreude	Grapefruit, Iris, Mimose, Zitrone
Meditation	Myrrhe, Narde, Rose, Sandelholz
Müdigkeit	Basilikum, Grapefruit, Petitgrain, Rosmarin, Zitrone
Mut	Rosmarin, Thymian, Zeder, Zirbelkiefer
Nervosität	Basilikum, Benzoe, Geranie, Kamille, Lavendel, Palmarosa, Vetiver, Zeder, Zimt, Zirbelkiefer
Niedergeschlagenheit	Basilikum, Benzoe, Grapefruit, Iris, Mimose, Myrrhe, Petitgrain, Rose, Zeder, Zimt, Zirbelkiefer, Zitrone
Phantasieanregend	Iris, Mimose, Ylang-Ylang
Schlaflosigkeit	Benzoe, Kamille, Lavendel, Narde, Rose, Vanille, Vetiver
Schock	Kamille, Jasmin, Narde, Rose
Schutz	Iris, Myrrhe, Rose, Zirbelkiefer
Sorgen	Geranie, Grapefruit, Iris, Lavendel, Myrte, Palmarosa, Rose, Sandelholz, Zeder, Zimt, Zirbelkiefer
Spiritualität	Iris, Myrrhe, Narde, Rose, Sandelholz
Stärkung	Basilikum, Rosmarin, Zeder, Zimt, Zirbelkiefer, Zitrone

Stress	Basilikum, Benzoe, Geranie, Grapefruit, Iris, Kamille, Lavendel, Palmarosa, Rose, Sandelholz, Vanille, Vetiver, Zeder, Zimt, Zirbelkiefer
Tapferkeit	Rosmarin, Thymian, Zeder, Zirbelkiefer
Trauer	Benzoe, Kamille, Mimose, Rose, Vanille, Zimt
Trost	Benzoe, Kamille, Myrrhe, Rose, Sandelholz, Vanille, Vetiver
Überempfindlichkeit	Benzoe, Mimose, Myrrhe, Zirbelkiefer
Unsicherheit	Rose, Vetiver, Zeder, Zirbelkiefer
Vertrauen	Benzoe, Geranie, Kamille, Rose, Vanille, Vetiver, Zeder, Zirbelkiefer
Zerstreutheit	Basilikum, Lavendel, Myrte, Zeder, Zirbelkiefer, Zitrone

Düfte aus der Natur
100 % naturreine ätherische Öle von PRIMAVERA LIFE
Eine Fülle an Duftthemen bieten unsere über 170 ätherischen Öle, viele davon aus kontrolliert biologischen Anbau. Optimal aufeinander abgestimmte ätherische Öle entfalten in unseren über 30 Duftmischungen ein breites Duft- und Wirkungsspektrum.
Bei PRIMAVERA LIFE finden Sie für jede Stimmung einen inspirierenden Duft.
Fordern Sie unseren kostenlosen Katalog an oder besuchen unsere Homepage: www.primavera-life.de
Magic Moments
PRIMAVERA LIFE®
Die reinste Freude am Leben
PRIMAVERA LIFE GmbH
Am Fichtenholz 5
D-87477 Sulzberg
Tel. 0 83 76 / 808-0, Fax 808-39
www.primavera-life.de
e-mail: Info@primavera-life.de

Inseln der Ruhe

Else Müller
Duft der Orangen
Phantastische Reisen zu den fünf Sinnen
64 Seiten. Gebunden
ISBN 3-466-30469-5

Duft der Orangen lädt ein zu entspannenden, alle Sinne aktivierenden Reisen in viele Teile der Welt, vor allem auch in die Welt der Imagination.

Beim Lesen oder Zuhören konzentrieren sich die Sinne immer mehr auf eigenes Erleben. Intensives Sehen, Hören, Riechen, Tasten und sogar Schmecken werden möglich.

Mit wunderschönen Bildern von Alice Meister.

KÖSEL

Kösel online: www.koesel.de; e-mail: service@koesel.de